風水
喬一喬
翔丰居士
洪才版主
——著
FENG SHUI

【推薦序1】

風自飛揚水自流　自然自在自悠遊

趙善意

自古占卜命相堪輿之士，往往揭櫫風生水起、地靈人傑乃鎮宅四方之極品。然而依我短淺之識見，卻篤信福地福人居、合掌祈福到。

風水知識不該背誦強記，因為那就是「假聖明、王祿仙」。風水之學，應該賦予福至心靈、神佛感應之智慧。所以，我寧可相信神通感應，也無法接受舌燦蓮花、套招俗成的「神算」。

華人對於算命風水之學，起源於對世間萬物循環週期的深入解析與抽象磁場靈感的解讀。我修習紫微斗數，卻難以成大師，關鍵點就在於少了天生的慧根與感應，這不是靠後天博學可以致之，唯天命之付託可以再次精進進階！

數位時代資訊來源透過瀏覽器的搜尋，很多善於蒐集資料的博學者橫空出世，風水派別多且各說各話，各有山頭。然而，卻始終不脫玄祕、似曾相識的片段知識，累積眾說紛紜、以訛傳訛之後，也讓人誤以為自己蔚然成為大師，但真正風水的純淨初心，卻逐漸被模糊化與儀式化。

我們往往在各家大師的指點中，心中浮現許多疑惑？

風水方面：財位一定在進門右手邊四十五度角？登堂入室一定要虎進龍出？穿堂煞普遍出現於公寓建築？路沖只能做剪刀、菜刀的生意？家庭電器擺放位置，也會影響家庭幸福？祈福擋煞一定要擺設價格不菲的藝術裝飾來鎮煞？添購結緣品的必然或自由選用？請大師看風水，必須回報高額禮敬？……

拜拜方面：拜神祈福一定要持香？紙錢供品愈多愈好？供品中還必須有數量、樣式、形貌、葷素之規範？月事中的婦女不可拜神，連觸碰到供品都有玷汙之嫌？求籤的手續如此複雜，三聖杯難如登天？向神明供茶供酒，有一定規定？祈求財富必須說出實際金額？願望達成，如何還願？……

以上這些莫衷一是，曾經讓我懷疑何者為神算天師呢？

我與「洪才」相識於新聞界，他是冒險犯難的電視記者，前半生在新聞界奮戰，歷盡人世間各種匪夷所思的情境與事件，看盡神鬼傳奇、悲歡離合的世界。什麼稀奇古怪的靈通沒看過？但是，我卻透過「洪才」的引薦，認識了「翔手老師」。

翔手老師與一般的風水命相老師大大的不同，溫文儒雅又不失時尚，自在言談沒有任何玄妙預言、恐懼恫嚇，完全不是我們所見過的風水大師。跳脫傳統約定俗成的觀感，讓我對翔手老師產生莫大的興趣。

我是一個喜歡踢館的媒體人。風水我信、但我拒絕接受裝神弄鬼的行為。翔手老師完全顛覆了我的刻板印象，他為我的辦公室提振磁場，只運用薰香、三瓶瓶裝水就完成。

當時我剛接新職，來自外在與內在不可預期的意外與災難蜂擁而至，「洪才」好心引薦老師來會面，竟在自然自在的氛圍中，完成了消災解厄的祈福，讓周邊的同仁不會覺得尷尬與不適，有不同宗教信仰的同仁也不會因此覺得格格不入。

翔手老師讓我更覺得窩心的是：他對於焚香、拜拜禮俗甚至風水解析，都落實在隨心自在的設計與擺設。我向來認為：風水勘輿不該是大動干戈、大興土木，甚至不惜將原本的隔間佈局完全推翻，重新來過。風水之高級技術，應該是因地制宜、因時調變、因人微調。翔手老師順性而為、順勢而為的襟懷，也是我們深深欽佩的！

期待翔手老師與洪才的新書，讓風水翻轉盡在自然自在之間，也讓我們一解風水之謎、顛覆拜拜之迷、體驗祈福之祕！

敬序 2022. 10. 3

民視電視台 鳳凰藝能 總經理 趙善意

【推薦序2】

風水格局若不佳　做事居住自不順

劉棨輝

翔手老師的新書，分享好風水的新思維：「採光好、通風佳、動線適宜」就是居家風水的好格局，這麼簡單一句話，完全顛覆傳統風水的繁文縟節。

一直以來，得知翔手老師係一位從事資安科技的稽核人員，擁有台灣師範大學科技學院碩士，多張專業證照的科技人，自年輕時期便用業餘時間，為有緣人看風水、調整居家格局及化解煞氣的影響。如今將近三十年的堪輿領悟，專心投入風水堪輿、居家佈局、易經占卦、五行開運，以及玄學講座等工作，實屬不易的轉換，這是需要有堅定毅力及持續修為，才能堅持到有今天的第七本書出版。

我和翔手老師認識是經由我的祕書介紹，大約二十年前的一場風水祈福儀式，讓她們姊妹與翔手老師結緣，如今有機會與翔手老師成為好朋友，並請教風水、占卜及辦公室格局的應用，大半年過去了，如今一切順風順水。

本人曾任上海商業儲蓄銀行協理兼債權資產管理處長，看過無數銀行不良資產法拍屋，每當我進入法拍屋查看時，都會感覺到此屋空氣不流暢、風水動線不佳，而住在此屋的借款人，將會由於風水格局不佳，做任何事都不順利，最直接影響就是收入減少及繳不出貸款，最後只有落入房屋被銀行拍賣的命運。

當時有很多親朋好友、客戶詢問我，要如何購買法拍屋？我除了告訴他們法拍有關程序外，我一定會再三告知若有得標，務必要請風水師到法拍屋現場勘輿及重新做風水佈局。

很榮幸為翔手老師新著寫推薦序，這一本新的著作，內容比前幾本書更為詳實平易近人，本人很樂意為此書寫推薦序外，並祝翔手老師能服務更多有緣朋友，以及風水新思維讓更多讀者認同。

東方彩視股份有限公司（A member of TVB）總經理　劉榮輝

【推薦序3】

風生水起新思維　撥雲見日新曙光

羅志明

本人縱橫海內外國際賓館旅遊行業半個世紀，也稱得上閱人無數，不管是與高矮、肥瘦、黑白、老嫩，或與中外人士的交往，都有一定的內心感覺，亦用心以不同交往的元素去維護雙方的友誼。

很榮幸被翔手老師盛邀為他的新著作寫序言，雖然因為疫情影響大家不能常聚，但翔手老師的喜悅心、感恩心及善心卻自我們交往以來，一直常在。他一向強調風水命理，是科學、環境學是大方向，但不是迷信！

在此我謹祝翔手老師能幫助更多有緣人士，以及讓其風水新思維讓更多讀者及朋友得益。

與翔手老師數年前在台中一家投資公司開幕活動中結緣，雖是萍水相逢，大家卻一見如故，友誼更是提升到極致，實是我人生一大收益。

日常與翔手老師交往，深深體會到他為人平易近人、待人真誠，處處為朋友設想，絕無商業或江湖的氣息，勘稱「零汙染」，確實是難能可貴！

在此祝願大家，把握好時機，認真向翔手老師虛心學習，你將會受益不盡，終生幸福。

有翔手老師這位良師益友，乃是本人一大寶藏。

經歷：歐洲金鬱金香酒店集團

上海揚子江大酒店市場總監

上海騰熙管理酒店合夥人

上海、香港之慈善家

上海柏凡音樂酒店　總經理　羅志明

自序1

風水也能跟上現代腳步

洪才版主

風水始終蒙著一層面紗，讓一般人看不透，也因為看不透，就更增加神祕感，越神祕，越引起人們的敬畏，總認為會風水的人，都有一身奇門遁甲之術，真的是如此嗎？

認識翔手老師很長的時間，加上自己曾經做過電視媒體記者，所以發現翔手老師的風水功夫，與記憶中的風水先生會做的方式，完全不同，沒有傳統的道士服，也不需要鈴聲搖來搖去，就是靜靜地完成工作，無論是風水堪輿，或是請走靈界朋友，都是顛覆日常的做法，不會讓人覺得不舒服，更不需要準備一堆的供品或祭品，簡簡單單，乾乾淨淨，完全符合現代人的需求。

這本風水書，就是將傳統風水的認知，翔手老師以現代專業的方法，加上白話解說，屏除一切繁文縟節，讓風水也能跟上現代的腳步，使年輕人看清風水的真面目，其實風水也沒有那麼複雜，甚至可以扭轉對風水的敬畏之心，原來很多科學也都能解釋風水的原理，讀者也能跟著書本的解說，調整自己的風水格局，讓自己住得平安運勢好，重要的是，不再需要花大錢去買風水物件，也能輕鬆改變好氣場、好運勢。

因為媒體記者的訓練，許多個案我就將其寫成小故事，盡量以記錄角度來呈現，沒有誇大的文字鋪陳，忠實記錄當時現場處理情形，希望讓讀者能夠瞭解，其實宇宙之大，也是有另外一個空間，是我們無法解釋的，只有藉助真正有功夫的人（風水老師）他們的協助，才能夠真正有效解決遇到的難題，也希望這本書，能夠讓大家對風水不再覺得是一門遙不可及的學理，而是可以藉由本書，拿來當作工具書使用，檢視自家的風水格局，是不是稍微調整，就能風生水起好運來。

自序2

現代化風水的顛覆思維

翔丰居士

好風水的新思維，可歸納出「採光好、通風佳、動線適宜」，為現代化的風水劃出新契機。

因為疫情期間，翔丰重新思考了風水的顛覆思維、翻轉觀念，彙整出符合風水學習與使用的風水應用，四大特色「感恩代替唸經、合掌代替燒香、不燒紙錢、不拜三牲」，挑戰自秦朝以來，塵封已久的風水之謎；更揭開數千年來拜拜之迷；簡化祈福儀式的繁文縟節，讓現代人可以與時俱進地學習風水、正確地拜拜、愛護這個地球，讓我們一起為保護生態資源盡一份心力。

現代化風水，採光、通風、動線。早期的翔丰，從「門主灶、藏風聚氣」到「地勢路形氣、遮擋化門避」延伸「左青龍、右白虎、前朱雀、後玄武」，這些口訣與訣竅，在腦海裡反覆應用了將近三十多年，試想風水堪輿如果再維持一成不變的封閉，是否年輕一輩的朋友還會有興趣學習及接觸嗎？

多年領悟後，簡化成「陽光、空氣、動線」，讓風水的應用變成真正的顯學，讓化煞物品不再只是「山海鎮、八卦鏡、凸凹透鏡」，而是可以只用「五帝錢」來祈福及取代，才會有機會將風水的學問變簡單，不再只是少數人的學習專利，讓更多有興趣的讀者朋友，也可以深入瞭解風水的評估、改善、提升，使風水的學習變成全民運動，每個有緣份、有需求的好朋友，都可以接觸風水這一門謎團般的堪輿面紗。

現代化拜拜，不燒紙錢、不拜三牲。影響我們數千年的拜拜，一直是在燒紙錢、殺生拜三牲的儀式中，不斷循環與輪迴著，翔丰也是思考著燒紙錢神明需要嗎？燒紙錢祖先收得到嗎？造成空氣汙染與地球暖化，才是最可怕的生態殺手；而全球都在呼籲碳足跡的節能減碳，我們台灣、華人世界還在燃燒紙錢，造成暖化與碳排放的汙染，應該開始反省及節制才是。

生態保護的另一個影響層面，是殺生的行為。拜拜時需要拜三牲，就必須殺魚、殺豬、殺雞的作為，在天氣炎熱的清明節、中元節等日子，所拜拜的三牲容易腐壞與變質；如果改成拜「素三牲、果凍三牲、糕餅三牲、炸雞、披薩」，也是表現出祭祖的誠心與誠意，拜完後還可以全家大小一起享用，何樂而不為呢？所以，翔丰提倡現代化拜拜，不燒紙錢、不拜三牲，將會是現代新世代人類的顛覆新思維。

現代化祈福，合掌、感恩、上香減半。風水儀式中，不外乎需要祈福及許願，能用「合掌代替一炷香」、能用「感恩代替唸經」、能減少「上香的燃燒時間」，都是翻轉祈福與儀式觀念的新思維。誠心誠意的合掌就是點心香；心懷感恩的祝福比唸經更有效；上香只要3到5分鐘，神明與佛菩薩就會收到訊息。所以說明了，減法原則是最有效率的翻轉思維，讓繁文縟節的祈福程序，簡化成最有效率的應用，才是現代人的新精神。

最後，再分享平常心思維：好風水絕對是會留給有善心、感恩心、喜悅心的朋友們；好格局只需採光好、通風佳、動線適宜；好運勢只需在不燒紙錢、不拜三牲、上香減半之過程中累積；好幸福則是合掌、感恩、惜福、愛地球的行為中獲得。祝福正看著這本書的你，都能擁有好風水、好格局、好運勢及好幸福。

【導讀】

這本書的兩個概念、四個特色，一個是顛覆「風水思維」，另一個則是翻轉「傳統觀念」，讓千古流傳下來的風水堪輿、傳統拜拜方式，變成一項簡單又現代化的進行式。而特色則是「感恩代替唸經、合掌代替燒香、不燒紙錢、不拜三牲」的現代思維分享，讓我們對生態資源及地球保護，多一些照顧、多一分關心及多一項行動力。

彙整本書共分成六章節，分別是「風水之謎、拜拜簡化、煞氣化解、靈界朋友、顛覆思維、後記」，接下來翔丰用導讀的方式，為各位讀者分享這六章節所呈現的風水觀念與玄學領域的新想法，每一個章節還會細分主題項目，總計彙整有二十三個主題項目，以及二百八十六則Q＆A，穿插兩百多張照片，分門別類地介紹書中的風水應用，讓讀者們可以一探風水的神祕面紗。

第一章・風水之謎

歸納成五個主題項目「聚寶盆動手做、現代風水應用、風水師的價值、宮廟周圍能量、廁所廚房禁忌」。分享現代風水中，財位如何擺放、風水如何應用、風水師如何堪輿、佛寺宮廟的煞氣、家宅中最重要的廁所與廚房，用五項主題的說明與介紹，將從古至今的風水謎團，一一為您而解開。

主題一：聚寶盆動手做

翻轉一般人的思維，總會覺得「聚寶盆」是神祕的一環，必須風水老師才能進行尋找及擺放安置，在這一主題項目中，用淺顯易懂的白話文，告訴讀者們如何去尋找「明財位、暗財位、時空財位」，以及教簡單有效的聚寶盆製作方法，用製作三要素及禁忌三要點，採用圖文解說的方式，分享給讀者朋友們，讓你們也可以輕鬆聚財、納財、旺財，能夠聚寶盆動手做，存到自己的工作辛苦財。

主題二：現代風水應用

風水是古代形象學的堪輿之一，透過建築物和外型地貌的觀察，並加以調整動線、擺放、擋住及隔離有影響的有形物體。將根據宇宙能量、地球磁場和人類生活，必須是聯繫在一起的評估與改善。延伸為屋內格局的重點三元素，即是「採光、通風、動線」，分享給讀者瞭解「採光不足夠、空氣不流通、動線不順暢」都不是好風水的條件。再來是市面上常見的一些擋煞氣物品，真的有用嗎？是否需要到寺廟裡開光才行？最後是分享現代居家面對煞氣的觀念如何？使用五帝錢管用嗎？在現代風水原理的應用中，真的都是有科學根據嗎？在本主題中跟讀者們分享。

主題三：風水師的價值

風水是老祖先的智慧傳承！它是「統計學、環境學、格局學、心理學、色彩學」，以及「氣場學、能量學」的應用之大成。遠在秦朝時代，就有風水學的應用及流傳，當時更將其視為「帝王之學」，一般老百姓是碰不得的、學不到的。回到現代的我們，可以說是非常幸福，因為風水書在坊間、各大書局、網路世界裡，比比皆是觸手可得的知識。然而本主題將告訴讀者們，風水師是如何改善？面對有問題的風水格局，真的不用大興土木嗎？還有就是，居家裝潢、動工為何需要擇日？都有詳細又完整的說明與分享。

主題四：宮廟周圍能量

許多讀者朋友，會認為住在佛寺、宮廟附近，更能受到菩薩、神明的保佑，是真的嗎？不論是佛寺正廟還是宗祠陰廟，總會有讀者疑惑地問著：「住在佛寺、宮廟附近，對日常生活不是很好嗎？」但是真的是如此嗎？在本主題中將跟讀者們分享是好？還是不好？再則是您的住家多年後，居家的附近蓋了宮廟或是佛寺，應該如何化解、如何改善？整體來看，此主題也會分享，住在廟宇佛寺附近，會產生哪些煞氣？

主題五：廁所廚房禁忌

一般人看風水，比較會關心及注意玄關、客廳、臥房、陽台……之類的地方，有很多人都忽略了，「廁所、廚房」才是居家風水的重要一環。在古老的風水中，有一句「水火不留十字線」的風水口訣，為何廁所及廚房不可在房子正中間？十字線是什麼？風水解釋、科學上的解釋又是為何？如果，真的買到位居房子中間的廁所、廚房，要如何化解、處理？這個主題會分享應該如何化解與處理？

第二章・拜拜簡化

彙整了六個主題項目「香是無形天線、紙錢該不該燒、拜三牲應變通、香灰如何防煞、神明角色扮演、拜拜意義為何」。分享現代觀念中，面對流傳幾千年來的拜拜文化，是否應該簡化及改變？風水應用裡的多個靈魂角色「香、紙錢、拜三牲、神明香灰」應該如何看待？以及如何正確的使用與簡化，此章節會分享，我們要如何用現代人的生活方式來進行傳統的思維。此外，也分享神明的位階、稱呼、角色扮演及分身為何？最後，再告訴讀者們，拜拜意義為何？應該如何簡化，才能與時俱進，變成愛護地球及保護生態資源的一份子。

主題六：香是無形天線

這個流傳幾千年來的靈魂角色—香，是人與神明溝通的工具。人們透過香的引導，可以將心裡的願望，講給神明、菩薩知道，而神明、菩薩才能幫忙信徒達成願望。此主題分享給讀者「用香的歷史？香文化之禮？」從遠古流傳到現代，風水應用領域，會使用「立香、香粉、環香、塔香、倒流香」來搭配互動。然而，現代的多數廟宇已不再焚香祭拜，信徒如何祈求神明？拜拜用的香，尺寸長度有好幾種，哪一種長度才正確？插香爐的手，應該用哪一隻手？還有分享向神明、菩薩祈求願望，若是願望成真，該如何向神明、菩薩感謝及還願？

主題七：紙錢該不該燒

紙錢，在華人世界的心中，扮演著民情風俗與慎終追遠的角色！根據環保署統計，台灣一年約燒26萬至28萬公噸紙錢，其經濟規模超過131億元，並產生超過22.5萬公噸的二氧化碳，面對碳排放、碳足跡及節能減碳的生態議題，我們真的不能忽視。紙錢在老一輩時代的長輩們，認為燒紙錢給神明，可以祈求招財進寶；燒銀紙給亡靈祖先，可以讓祂們在陰間好好過日子，但真的是這樣嗎？會常聽到有朋友夢到親人、祖先要求燒紙錢給祂們，讓祂們在陰間過好日子，這又該怎麼解釋呢？此主題將一一分享給讀者們瞭解。

主題八：拜三牲應變通

我們華人一生當中，皆離不開「拜拜」的民情風俗，起源可追溯四、五千年前時期的三皇五帝，拜拜讓民眾得以安心，台灣的拜拜結合了「儒、道、佛」的思想，有敬天拜地的祭祀及祈福，還有對祖先的追思崇拜，一代傳承一代地藉由拜拜的力量，來加強自己的信念與改變人生的命運。而在拜拜時，最常見的三牲供品，為「全雞、豬肉、全魚」各一份的組合，每當逢年過節，像是過年、清明節、中元普渡等敬神祭祖時，都會準備這些「三牲供品」來祭拜神明及祖先！但是，大家都忽略了，拜三牲時祖先真的吃得到嗎？中元節普渡不拜三牲，真的是可以嗎？面對現代社會忙碌的雙薪小家庭，越來越多的年輕爸爸媽媽，對祭拜三牲的準備，常常是造成頭痛及霧煞煞的困擾，該如何變通與改善拜三牲的習慣，且看此主題的內容，分享您該怎麼變通。

主題九：香灰如何防煞

每當逢年過節時，小寶寶半夜哭啼不斷，就會有年長的阿嬤去廟裡求香灰、符令，或是拿著穿過的衣服去佛寺、宮廟來收驚並蓋上朱紅色的法印、神印，真的有效嗎？科學角度又是如何解釋？此主題的內容，分享在阿嬤時代，煞到吃香灰真的有用嗎？宮廟的符令真的有用嗎？還有發爐代表什麼意義？科學角度、傳說角度為何？也有朋友會說是「香灰」是神聖之物，能驅魔避邪、收驚保健，治療百病，是真的嗎？

主題十：神明角色扮演

神明界有一套管理系統，菩薩界也有位階的升等制度，各司其職地為人們祈福，也帶來不同的學習感受，然而神明、菩薩的工作職掌為何？人們要如何去拜，才能祈求神明、菩薩的保佑與護持？道教神明、佛教菩薩的身分是可以重疊或是互換嗎？人間的問題，要拜對哪尊神明或哪位菩薩才對？此主題的內容，分享您神明界、菩薩界的分工與職掌，還有家裡有安奉神明，如果臨時要出遠門天數長久，該怎麼辦？

主題十一：拜拜意義為何

台灣的廟宇密度很高，平時到廟中拜拜是一件很平常的事，然而我們常常看到老一輩的朋友，初一、十五要拜？還有初二、十六也要拜？當生活不順遂也要拜？到底要如何拜才能有正向能量？到廟中拜拜、在家裡拜拜有哪些規矩是我們不知道？此主題的內容，分享您拜拜的好處？要如何拜才能有正向能量？要如何拜才能讓神明、祖先開心？拜好兄弟或是神明，什麼樣的水果有分嗎？

第三章．煞氣化解

集結出四個主題項目「告別式煞氣重、煞氣科學角度、屋內格局改善、外在煞氣影響」。分享現代風水化解中，是否應該簡化及現代化？風水煞氣裡的化解，有「居家內在煞氣、外在建築物煞氣、告別式煞氣」，應該如何看待這些煞氣的產生與形成？應該如何正確有效的化解，此章節會分享，用現代人的生活方式來簡化傳統的風水煞氣。此外，也分享煞氣用科學角度解釋為何？讓讀者們看看，日常生活當中，煞氣出現在身邊時，應該如何化解，才能平安度過，身上應該攜帶什麼樣的平安物，能夠免於煞氣的沾染。還有當朋友開店或公司成立，應該送什麼最合適？

主題十二：告別式煞氣重

現代化告別式是喪葬的一部分，也是親人們表達對往生者的思念，所舉行的告別儀式。參加告別式的親人、朋友們，應當如何保護自己，才不會受到煞氣的影響？此主題的內容，分享您身上應該攜帶什麼樣的平安物，能夠免於煞氣的沾染。還有也分享給讀者朋友們，為何告別式的煞氣會很重？應該要如何化解？如果不小心煞到的話，會出現什麼徵狀？如何預防煞到？現代人的防煞方式？應該如何做，才是簡單又平安！還有一項分享是，當靈異體質的人，參加告別式該怎麼辦？參加告別的前後，要如何避免煞氣上身？

主題十三：煞氣科學角度

一般來說，風水師在處理堪輿，分為兩類，一是住家，另一則是辦公室或店面，然而堪輿的內部格局看完後，就是協助看看這個建築物外在，有沒有煞氣。主要是看外在煞氣，窗戶或門外是不是直接看到，或是對面建築物的外觀，以及遠處的建築物相關之設施，像是儲水塔、天線、欄杆……等等，甚至兩棟建築之間的縫隙，都是會產生煞氣的地方。此主題的內容，分享煞氣如何化解，如何用科學角度來評估及改善，否則久了，還真的容易出問題。也分享給您住家坐向，應該如何來判別座向？

主題十四：屋內格局改善

瞭解風水的外在因素及科學根據後，此主題的內容，分享屋內的格局，這就牽扯更多的眉角了。狀況百百種，以客廳來說，財位在哪？有沒有穿堂煞？是飯廳先到，還是客廳先到，牆壁上是否有掛什麼字畫，走到前陽台看看格局及遠方，這格局就能看出來影響男主人的運勢在哪？接著，說明廚房裡面，水槽位置、瓦斯爐位置、冰箱位置、廚房門的位置，甚至於通往後陽台的位置，都會直接關係著女主人的健康狀況。廁所擺設、更衣室的設計，這就影響著夫妻之間的感情溫度。用什麼方式來改善，簡單又有效，還有分享朋友開店或公司成立，送什麼最合適？建議讀者們選哪一類的植栽，才是真正有幫助運勢？

主題十五：外在煞氣影響

經過了煞氣科學角度、格局煞氣改善之後，讀者們應該更瞭解風水堪輿的用意在哪。相信很多朋友，經過堪輿之後，多數人一定會發現，為何調整過後，動線都變好了，甚至會懷疑自己，為何住這麼久，都沒發現可以這樣移動，其實風水就是只要「陽光充足，通風良好，動線順暢」，這樣就是80分的風水寶地了。剩下的20分就應該是跟著天地能量的改變，風水也要跟著調整，才能常常好運、旺運跟著你！此主題的內容，分享各式各樣的外在煞氣格局、影響層面如何？還有分享玉帶環腰的風水好格局、化煞避邪掛件，買回家自己如何到廟裡開光？

第四章・靈界朋友

整合兩個主題項目「靈界朋友實錄、靈界溝通處理」。分享現代日常生活中，靈界朋友的存在，並不是傳說，長久以來，陰陽就是和平共存，只是陰跟陽，本來就各行其道，互不干涉。就算是在自己住家或工作場所，有真的發現靈界朋友的存在，也不用太在意及擔心。能夠透過溝通的方式，請祂們離開，或是請祂們到其他地方修行，這樣才不會影響住在這裡人的健康、精神狀況，也能改善營業場所的營運收入。此章節會分享，家中或店家，如何避免靈界朋友進駐？容易靈動的人，如何減少靈動？讓讀者朋友們體會到靈界朋友就如同人間的街友一般，遇到了，真的不用太驚慌！

主題十六：靈界朋友實錄

關於靈界朋友的存在傳說，本來就各行其道，互不干涉。一般靈界朋友會喜歡聚集廟宇、佛寺的周圍，但不會進入裡面，藉由神明的能量，聽聽經文，累積功德，早日脫離靈界之煎熬。而要避免靈界朋友住進家中或是店家，需要什麼樣的環境，才能不讓祂們進駐，此主題的內容，分享簡單的好方法。在家中的神明廳，如果躲有靈界朋友？如何避免與排除讓祂們進駐的機會、如何在戶外爬山、參加告別式、去醫院探病時，也不會輕易帶回靈界朋友，都會有輕鬆及簡易的方式分享給您。

主題十七：靈界溝通處理

我們要有認知，靈界朋友就如同人間的街友，祂們有的是時辰未到，有的是落跑的魂魄，沒按照規定回去報到，也因此，祂們就會四處躲藏遊蕩，跟陽間的街友一樣，只要有個地方可以遮風避雨，祂們就會住下來。這些靈界朋友，白天、晚上是都會存在的，讀者朋友們，都不要太擔心，當發現家裡經常出現異常聲音、經常感覺寒冷、經常起雞皮疙瘩的現象，就可以用手機拍下，家裡的各個角落、天花板，傳給你有緣份的老師看一看，就可以給你們好的建議、指導。此主題的內容，也分享一句簡單的口訣咒語，可以讓讀者保護你自己平安，也能順利請走進駐家中的靈界朋友。

第五章・顛覆思維

總結四個主題項目「迎財神招旺財、開好運小偏方、凝聚出好氣場、顛覆傳統思維」。分享家中如何迎財神?有什麼開好運的小偏方、家中的好氣場要如何凝聚?還有就是顛覆傳統思維，讓讀者朋友可以不要強求，順其自然，以現代化的方式來過正常生活。此章節會分享，平時要多注重身體養生，生活作息正常，均衡的飲食，身體才會健康，運勢才會提升。當身體出現病徵，還是建議尋求醫生的幫助，才是明智之舉!

不能過度尋求宗教信仰的力量，而忽略了治療的黃金時期。以及適當的舒壓放鬆，能夠將一天的辛勞或不好的情緒，全部釋放，讓心情回到最佳狀態。

主題十八：迎財神招旺財

等待五路財神爺的光臨，是期待又驚喜的過程，此主題的內容，分享迎接財神的儀式與準備程序，讓大年初四晚上迎財神任務，順利圓滿。還有每年清囤日、送神日、迎神日，要如何進行？讀者朋友借發財金忘了還願或還錢，要怎麼辦才好？拜虎爺廟所換的錢母、廟宇求到的金幣，該如何放置與處理？從除夕至大年初六，每日應該注意哪些事項？正確地拜地基主，真能保佑平安順利嗎？都是此主題所分享的重點所在。

主題十九：開好運小偏方

依照風水的能量學來說，家中時鐘懸掛的位置，如何能留下好的磁場及能量，在家中形成好能量、好氣場。要增加招財氣場，應採用哪些天然的礦石材料？哪種印章形式，可以讓財運一路發發發？不建議戴尾戒，傳統上是象徵約束小人的用途，但以健康、科學的角度來看，手指頭有末稍神經系統，戴尾戒會影響小指的血液循環，容易造成手指頭冰冷，是會影響健康的，此主題會分享更好的方式。每年犯太歲要怎麼處理，才能開好運？發財水索取回來，要如何凝聚財位能量？都會分享在開好運的小偏方。

主題二十：凝聚出好氣場

科學家有驗證，風水是天地磁場的延伸，順著風水，會讓我們居住舒適，心情愉快，人也就不容易生病，家庭關係好，工作也能順利，財庫也就不會有問題了。風水是前人的智慧結晶，這些風水好壞的形成、預防、改善，關乎家庭和樂及身體的健康，當然財運也會慢慢地跟著好起來。上香、擲杯、占卜、法會儀式的進行，也都是日常生活當中，凝聚出好氣場的過程，在此主題項目中，都會分享給讀者朋友們。

主題二十一：顛覆傳統思維

合掌默唸神明的尊號，只要心正人虔誠，神明都會循聲救苦，前來協助。在此主題項目中，用顛覆傳統的思維，分享合掌可以代替一炷香、不要深信一些偏方、心存善念才是重點、口角爭執如何用溫和方式化解、減少焚香祭拜的時間、如何化解探病、輕生者的煞氣、被鬼壓床如何化解、打坐要有正念才不會出現幻想幻聽幻覺？顛覆以不強求、順其自然的思維，才是最好的改運、開運方式。

第六章・後 記

記錄並整理兩個主題項目「平常心看風水、有緣就會相見」。分享有福氣的人，因為心地善良、行善為樂，不論住到哪，都能形成好福地，所以不用看風水，用自己的正能量去營造出好環境，也就會累積出好能量，如此的住所，就是好氣場。此章節會分享，當房子想要進行堪輿，建議最好是裝修之前，以及裝潢動工前需要準備的儀式物品？讓屋主、設計師來考量裝潢細節、家具擺設，適時地做預防性的調整，以形成好格局、好環境、好氣場。居家住所，如何每天充滿著滿滿正能量？好的風水師，是不需要大興土木，只要用現代化的方式，與時俱進的趨勢，佈局家宅的動線、採光及通風。而風水師真正存在的價值，應該是協助並幫助有緣份的朋友們，找出合理的正確日期與好時辰，避開沖煞生肖，找到吉祥的好日子，就能讓屋主掌握先機、與時俱進地和現代化社會接軌。

主題二十二：平常心看風水

許多朋友們辛苦了一生，就為了買一間屬於自己的房子，好不容易買到了，當然希望入住後可以風生水起好運來，這是每個人的想法。在此主題項目中，告訴讀者們，有緣份尋找到風水師，應該相信風水師的專業，讓風水師可以盡心盡力地為委託人服務、評估、佈局、調整出住家的「好氣場」。此主題也分享，如何傳遞滿滿正能量？也說明風水調整後，是否能快速應驗與出現旺運，分享讀者朋友們，應該要平常心以對，讓屋宅慢慢形成出好格局、好環境、好氣場，是需要一些時間的累積。

主題二十三：有緣就會相見

好的風水師，一般都能用簡單、不破壞裝潢格局的方式，來調整風水的問題及提升住宅好能量。所以要達到運勢好、能量佳、氣場旺的的住家品質，是不需要大興土木。也分享只要屋宅格局沒變動，風水調整後，快則三週，慢則三個月，就會有改善效果與出現好運勢。等旺運應驗後，九年內可以不用再調整風水，只要平常心、存善念及保有感恩惜福心，就能讓住宅好氣場維持長長久久。當然，風水師都會盡量以科學角度，來解釋居家風水、導正古老傳統的繁文縟節，以簡單、不負擔、不破壞格局的方式，也會兼顧環保意識，用心為委託人改善及祈福。相信有朝一日，有緣就會相見！

【目錄】

第二章・拜拜簡化……132

拜三牲應變通

香灰如何防煞

第三章・煞氣化解……242

告別式煞氣重……244

煞氣科學角度……259

屋內格局改善

外在煞氣影響

迎財神招旺財

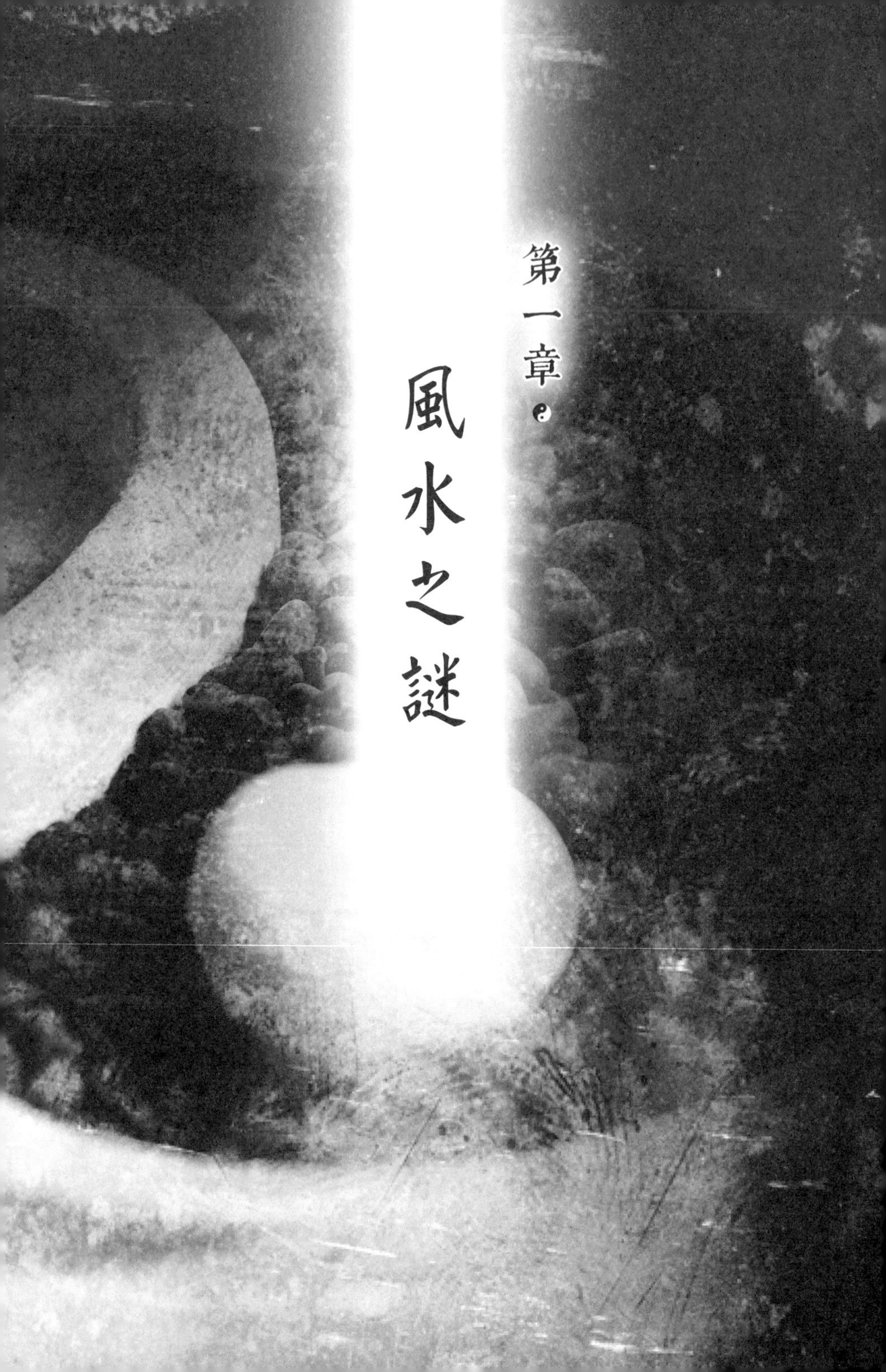

第一章 風水之謎

【聚寶盆動手做】

一般人都希望賺來的辛苦錢，一分一毫地全部存下來，這本書就來分享如何透過家中的聚寶盆來聚財、存錢；如何簡單找到家中的財位；如何透過「明財位、暗財位」的方式，將工作財及私房財，全部留下來；家中如何安置「時空財位」？九年輪一次的方位，要如何正確尋找？

住家的財位有分哪幾種？明財位、暗財位、時空財位在哪裡？明財位、暗財位各代表什麼意義？

聚寶盆：可放在明財位、暗財位之不動方

家中的財位不動方又該如何找？時空財位又是什麼？聚寶盆要選什麼材質才好？顏色有關係嗎？盆子裡面要放什麼呢？

一般人會覺得「聚寶盆」必須由風水老師來開光加持後，才有效力，其實不然，下面介紹簡單有效的聚寶盆製作，將一一分享給讀者朋友們，讓你們也能輕鬆聚財、納財、旺財，把自己辛苦工作的每一分錢，都能好好地守住。

001、如何找到家中的財位？

現代人要找出居家的財位，首先準備好你的手機，打開「指南針」的工具，啟動APP軟體工具，從進門的方向，走到客廳的正中心點，往四周的「45度角」看去，會出現二到四個方位，你只要找到一個方位是有兩道牆形成的「不動方」，這個直角的方位，不可以有「大片落地窗、廁所在牆後面、廚房在牆後面」，這樣的位置就可稱為「財位」。

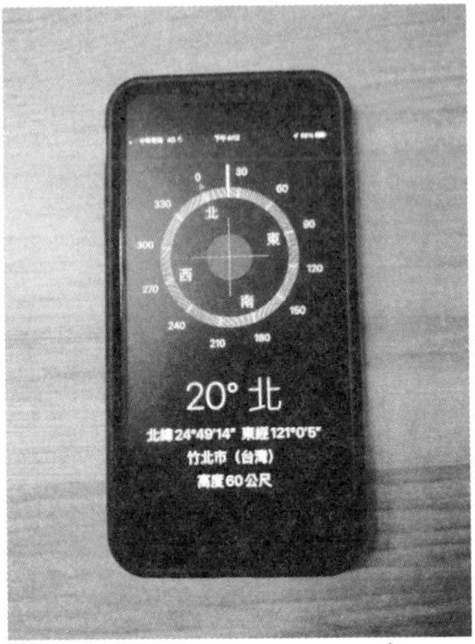

啟動 APP 畫面

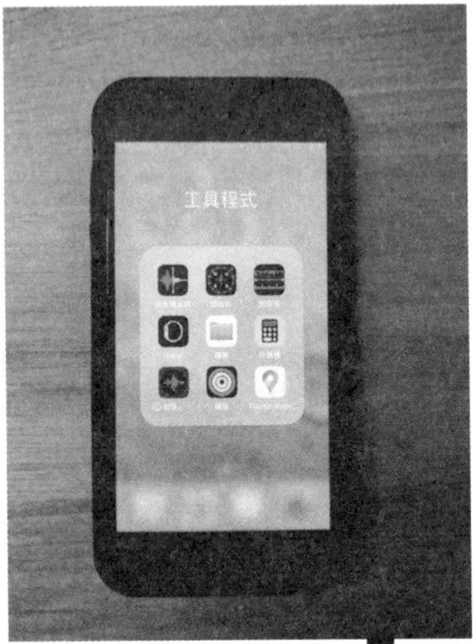

準備你的手機

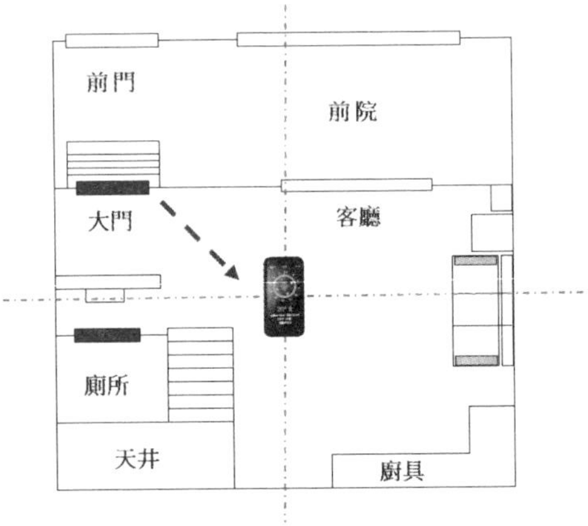

走到客廳的正中心點，尋找財位

打開「指南針」的工具

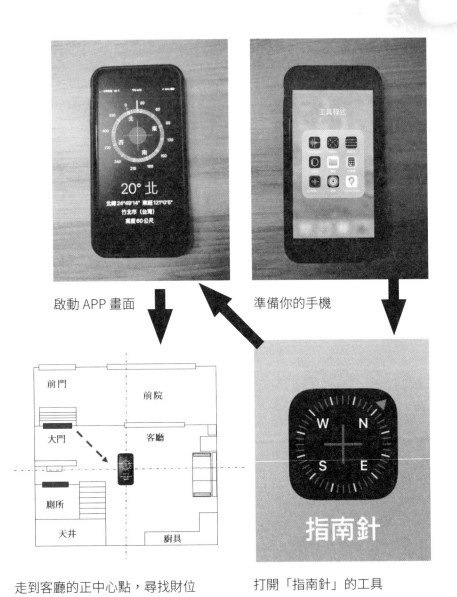

家中的客廳，找到兩道牆所形成的不動方，這個直角方位，最好上方不要裝置有「冷氣機」在吹動，下方也不要擺放「電風扇」在擺動，如此的位置就可稱為家中的「財位」，可聚正財、納旺運。

002、家中財位，有哪三種禁忌？

當找到家中的「不動方」位置，這個形成的直角的財位，在客廳就稱為「明財位」；如果是在主臥房則稱為「暗財位」，但是還有三種禁忌是要注意的，原因如下：

明財位放大聚寶盆
暗財位放小聚寶盆

禁忌一、大片落地窗：

財位需要聚氣聚能量，附近如果有大片窗戶、落地窗的裝置，就容易打開窗時，被風吹走財運及財氣，所以客廳財位的位置附近，要達到藏風納氣，就不可以有開大片窗。

禁忌二、廁所在後面：

當你找到兩道牆所形成的財位時，還要觀察一下兩道牆的後方，是否有廁所的存在，因為廁所是沖水、如廁的地方，水氣非常流動，也是不容易聚財氣，會形成財來財往的困擾，好不容易所聚到的財運，有可能牆的後面一沖水，財氣就跟著流走了。

禁忌三、廚房在後面：

同樣的，找到兩道牆所形成的財位方，還是要觀察一下兩道牆的後方，是否有廚房的存在，廚房屬火是烹煮的場所，裡面會熱氣騰騰的，烹煮好吃的食材及料理，用到火的機會非常多，所以聚財的地方有熱氣加溫，財運及財氣會昇華，聚不住寶也納不了財，金銀財寶都會留不住。

003、財位有明暗之分，在哪裡？如何尋找？

陽宅的家中，會有兩個重要財位，分別是「明財位、暗財位」。

明財位：

進大門後的客廳位置，所找到的財位，稱為明財位，這個財位是男主人的事業正財位，可以聚家中的財氣，也可以招財又進寶。

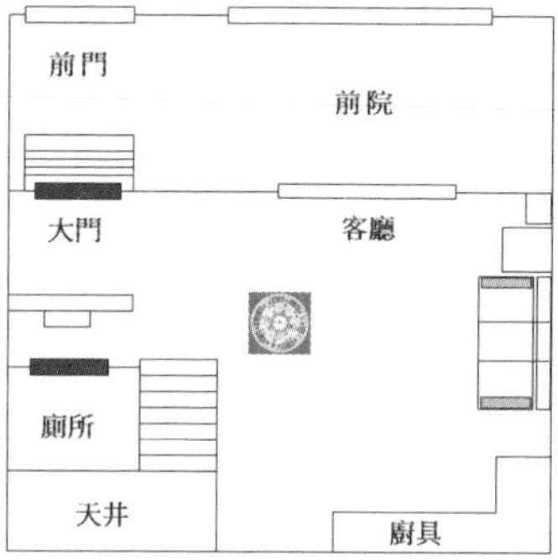

站客廳的正中心點

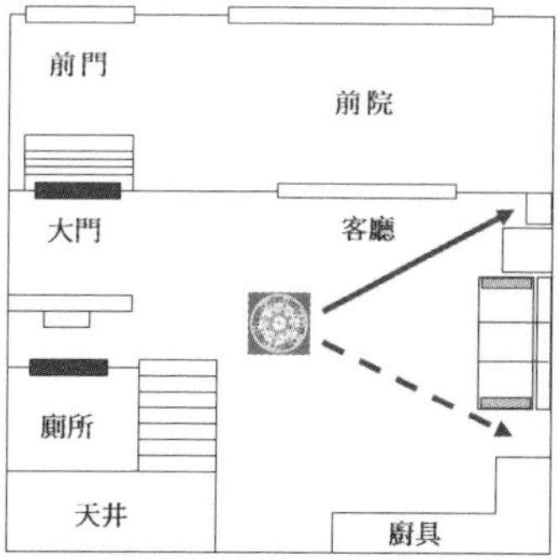

往 45 度角，尋找明財位

暗財位：

進入居家的主臥房，在床頭的兩側，也會找到不動方，稱為暗財位，這個財位是女主人的私房財位，可以讓女主人聚出私房財，也能夠聚出多餘的財運，暗暗存、暗暗累積好財運。

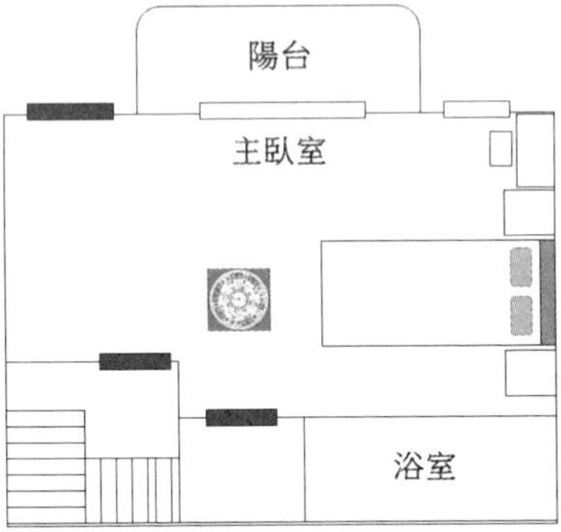

站主臥房的正中心點

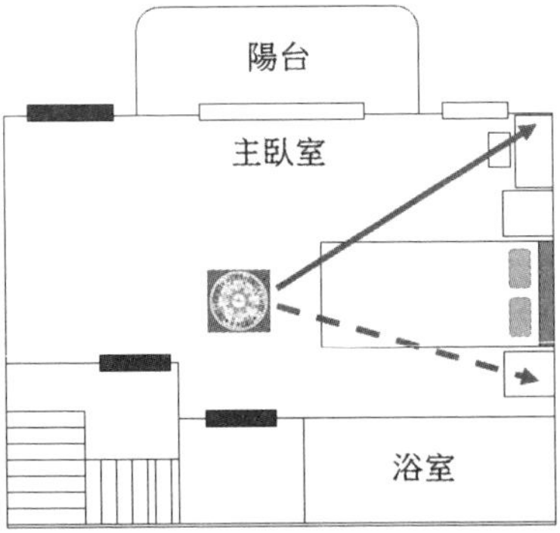

往 45 度角尋找暗財位

如何尋找？

進門的方向，走到客廳的正中心點，往四周的「45度角」看去，有兩道牆形成的「不動方」，這個直角的方位，就是擺放「明財位」方位。

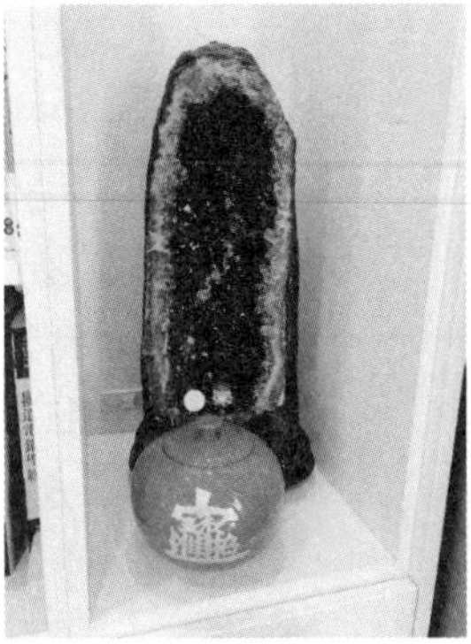

明財位

明財位

明財位

走進主臥房的方向，在床頭的兩側，靠近女主人睡覺的床頭櫃，或是化妝的梳妝台位置，也會找到不動方位，這個擁有直角方位，就是擺放「暗財位」方位。

暗財位

暗財位

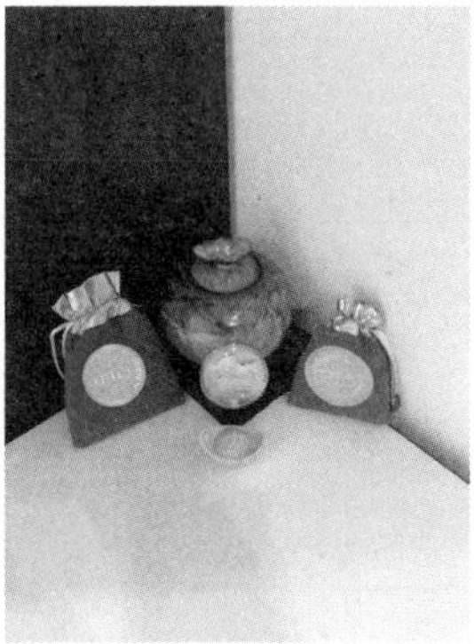

暗財位

004、時空財位是什麼，如何懸掛？

居家的第三個重要財位，稱為「時空財位」，所在的位置是每年的九紫方位，會九年輪一次，在客廳的九個方位出現，依照紫白飛星的飛星原則，落到九紫方的位置，就需要懸掛時空財位元寶，以防止當年的財氣流失及破財運，又可稱為「鎮財位」。

在鎮財位上所懸掛的元寶，稱為「鎮財元寶」，需要經過開光及註冊委託人的家裡住址及男主人之姓名，這個鎮財元寶才能發揮功效，幫助這個家庭守住財運、鎮住錢財，避免無謂的錢財流失與花費。

如何懸掛？

每年的九紫方位，會九年輪替一次，位置在客廳的九個方位，可以在該方位的牆上，用無痕掛勾來懸掛，將鎮財元寶開光與註冊後，就可以懸掛在牆上至頂的位置，每年要記得更換懸掛的位置，例如：二〇二二年就掛在「南方」、二〇二三年就掛在「北方」、二〇二四年就掛在「西南方」，依此類推，找到正確的時空財位方，將鎮財元寶懸掛起來。

九年輪替一次，懸掛鎮財元寶

005、時空財位九年輪一次，會是在哪裡？

人人都想要發財，而天地磁場內外格局每九年會輪替一次，也就是時空財位將受到九年一次的循環輪替之影響，往往會造成屋宅之「財位破、財位漏洞」之時空磁場靈動力。

依奇門遁甲的每年時空財位上，該年之時空財位可能因為外面「動土」之方位，或是坐落內部家中「廁所」之方位，而造成該年的財位破損，會帶來意外損財、橫禍破財。

此時鎮財元寶就必須發揮化煞與補財位的功效，能達到催財、聚財之效果，最有效之方法是先找出「當年之時空財位」，將已開光並加持的「鎮財元寶」，懸掛在九紫財位方，以達到「補財庫、化解損財、擋掉動工煞氣」之功效。

每年的時空財位速查表格：36年的方位、每九年一個循環

西元年	時空財位	西元年	時空財位
2022 年	正南方	2023 年	北方
2024 年	西南	2025 年	正東
2026 年	東南	2027 年	中宮
2028 年	西北	2029 年	正西
2030 年	東北	2031 年	正南方
2032 年	正北	2033 年	西南
2034 年	正東	2035 年	東南
2036 年	中宮	2037 年	西北
2038 年	正西	2039 年	東北
2040 年	正南方	2041 年	正北
2042 年	西南	2043 年	正東
2044 年	東南	2045 年	中宮
2046 年	西北	2047 年	正西
2048 年	東北	2049 年	正南方
2050 年	正北	2051 年	西南
2052 年	正東	2053 年	東南
2054 年	中宮	2055 年	西北
2056 年	正西	2057 年	東北

006、聚寶盆的製作三要素？

1. 聚寶盆

2. 五行石

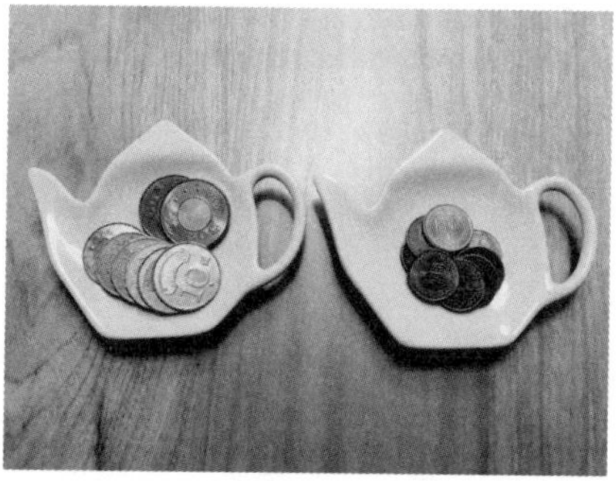

3. 錢幣 168

聚寶盆三要素，分別是「聚寶盆、五行石、錢幣168」。由錢幣數字組成168，代表一路發的意思，準備「五十元：2個」、「十元：6個」、「一元：8個」錢幣，將三要素準備好，就可以開始製作聚寶盆。

007、聚寶盆的材質？

準備一個「肚大口小」的聚寶盆，最佳首選材質是「陶瓷」；第二選擇是「晶石」；第三選擇是「純銅」；第四選擇是「檜木」。千萬不要選擇「塑膠、塑酯、玻璃、鐵質」的材質，也不建議選擇「口大肚小、直筒、不規則形狀」的聚寶盆。

008、五行石是什麼？

準備「五行石」要放在聚寶盆裡面，增加聚寶盆的五行能量，分別是：

木：綠色、青色礦石，可以增加正財及健康好運勢。

火：紅色、粉色礦石，可以增進鴻運當頭及提升異性好人緣。

土：黃色、土色礦石，可以增加偏財及財運好福氣。

金：白色、透明礦石，可以增加靈氣及提升好脾氣。

水：黑色、紫色礦石，可以增加財氣及消除病氣、晦氣。

由五種顏色的天然礦石、水晶所組成，因為有五種顏色，又稱「五色石」。

009、盆子裡面要放什麼？

當你準備好聚寶盆後，依序放入盆子裡面的物品，如下：

①名片：

代表聚財主人的運勢，在名片背面親自簽上自己名字，可以聚財聚到自己名下，才會讓財運亨通、錢財認自己主人。

②168：

代表一路發的錢幣，準備「五十元：2個」、「十元：6個」、「一元：8個」錢幣。

③五行石：

代表木、火、土、金、水的五行能量，五種顏色缺一不可，必須是天然礦石所組成。

備註：如果您沒有自己的名片，可以用紅包袋剪出「名片大小」，然後在紅紙上寫下自己的「**名字、農曆出生年月日、生肖**」，同樣是代表名片的效力。

名片：代表 聚財主人的運勢

擺放位置：家中不動方的聚財位

一切檢查就緒後，將準備好肚大口小的聚寶盆，裡面依序放入「名片、168、五行石」，記得五行石放入聚寶盆，只能放三分之一的高度，要留三分之二的空間，繼續聚財、納財；也不要每天有零錢時，就一直放入聚寶盆內，放到滿滿的，如此就達不到聚財的效果。

010、行動聚寶盆是什麼？

準備一個自己喜歡的「長皮夾」，在皮夾內裝入168錢幣，每天隨身攜帶出門，無論是上班、開會、談判、簽約、跑業務、談合作、訂合約，都要隨身帶在身上，所以又可稱為「行動聚寶盆」，可以達到聚財納福，效果很好！

長皮夾內一定要8個錢幣的168，才會代表「發」！當你的長皮夾買好後，記得當天就要放入「168」錢幣，放入後，也要記得不要花掉，當成錢母，放在皮夾內一段時間就能聚能量，就能幫助長皮夾的主人聚財、旺財運。

長皮夾的168，是「50元×3、10元×1、5元×1、1元×3」總共是8個錢幣，代表外出行動皆是：發、發、發！

長皮夾內放168能夠將財氣帶著走

Ps.區分一下：

家中聚寶盆，所放入168，是50元2個、10元6個、1元8個。

行動聚寶盆，所放入168，是50元3個、10元1個、5元1個、1元3個。

#【現代風水應用】

風水是古代形象學的堪輿之一，透過建築物和外型地貌的觀察，並加以調整動線、擺放、擋住及隔離有影響的有形物體。將根據宇宙能量、地球磁場和人類生活，必須是聯繫在一起的評估與改善。

風水，最早出現於經典中，是晉朝郭璞：「氣乘風則散，界水則止；聚之使不散，行之使有止。」故藏風聚氣的方式，稱為風水。在風水學上我們應當避免提到「血光、健康、漏財、衰運」的說法，這會給人們產生不好的心理恐懼。

風水被廣泛運用於「吉祥居住的方式、確定建築物的方位」，可輔助建築師、設計師、裝潢師進行施工的一項前置作業。面對居家煞氣所影響層面為何？古代傳統的擋煞物「山海鎮、八卦鏡、凸透鏡」有用嗎？面對現代做法是如何？而常用常見的五帝錢是如何應用？

好格局的風水山景，位於外雙溪的附近

011、居家為何會有煞氣產生？何謂煞氣？

在平時的日常生活中，其實我們都會遇到很多「奇怪形狀裝置、特殊建築物、特立獨行的造型物、別出心裁的擺設、因方便而建造的大型物品」，長時間呆在有這些建築物、大型物品的環境附近或空間內，會給人們帶來不好的心理影響與不舒服的感受，這些不好的形狀及擺設，在風水學上就稱為「煞氣」。

在風水學上應當避免提到「血光、健康、漏財、衰運」的字眼，這會給人們產生不好的心理恐懼。

風水中經常提到「形煞、味煞、光煞、聲煞、理煞、色煞、磁煞」這幾種字眼名詞。

形煞：是指看得見的物體外型所引起的不好感官及視覺感受。

例如，壁刀煞、尖角煞、頂心煞、電磁煞、開口煞、天斬煞、鐮刀煞、高壓煞……等。

味煞：是指瀰漫著難聞及不舒服的氣味。

例如，家裡有養狗養貓、家裡樓下是烹煮行業、家中廁所排水不良、居家附近有嫌惡設施……等。

光煞：是指光線不足或者光線過強的。

例如，家裡附近有霓虹燈、居家附近有反光帷幕大樓、昏暗的客廳照明、彩虹燈光照明……等。

聲煞：是指過於嘈雜難聽的聲音。

例如，家裡臨近工廠附近、三鐵設施太靠近、頂樓抽水馬達老舊、附近風切聲太大……等。

理煞：是指數量、方位及角度之影響。

例如，家裡燈光的數量、面對廟角方位、看到煙囪或鐵塔角度、廁所廚房在屋子中中央……等。

色煞：是指顏色對人產生不好的視覺感官，容易讓人精神緊張。

例如，家裡漆了過重的紅色、紫色、黑灰色油漆；懸掛的窗簾顏色太過繽紛；天花板顏色過重及地板顏色過淡（天重地輕）……等。

磁煞：是指磁場的變化，而對人體產生的不好的影響。

例如，家裡附近有變電箱、家裡前方有過多電線懸吊著、手機無線基地台離住家太近、洗衣機擺在睡覺的床頭隔壁牆……等。

012、遇到煞氣產生該如何改善？

當我們需要換屋、購屋、裝潢前，一定要先知道基本的風水注意事項：

一、購屋宜避開的外在形象

有四類在風水上容易影響陽宅風水及居住人們心理因素的外在形象，不管是要買房子還是租房子，都應該避開及改善的形局。

遇到：

1. 前方大樓的尖銳度牆角。
2. 前方有反光的帷幕玻璃大樓。
3. 屋外有不鏽鋼圓筒水塔。
4. 高架橋或高架軌道在房子邊。

改善：

1. 於看到的窗戶處裝厚窗簾。
2. 將窗戶貼抗紫外線玻璃窗紙。
3. 可以在窗台邊擺放綠植物。
4. 建議裝上氣密窗以隔絕噪音。

二、屋內格局的重點三元素

有三種在風水上容易影響居家日常生活的風水，都應該避開及改善的形局。

第一種，採光不足夠

改善：加裝照明燈具、拆開遮光的多餘裝潢、家中油漆選擇淺白且亮面塗料材質。

第二種，空氣不流通

改善：採用循環扇讓空氣循環、移開阻斷空氣流通的櫃子或木板、讓前後窗子形成對流。

第三種，動線不順暢

改善：調整行走的狹窄通道、調整過於彎曲的通道動線、清理雜物堆積及門簾懸掛過多。

三、預售屋格局的客變要項

有三項在風水上容易忽略的房屋格局，一定要先在隔間定型前、交屋之前，進行建商格局圖的確認，方便預售屋主的風水微調。

第一種，廁所、廚房設立在屋子的正中央位置

改善：進行客變，將廁所、廚房位置，經過與建商討論，移動到合適的牆邊位置。

第二種，馬桶或鏡子對到入廁所門的位置

改善：進行客變，將馬桶移至不對門處；將鏡子移至廁所門的兩側位置。

第三種，各臥室的房門，有相對門與互切到門的位置

改善：進行客變，經過與建商討論，錯開各個房間門的位置。

013、市面上常見哪些擋煞氣的物品？

風水吉祥擋煞氣物品，歷史源遠流長，自古以來各朝各代都有流傳下來器具物品，一般住家常見有下列三項吉祥物品。

○山海鎮

山海鎮由道教的法師張天師的弟子所發明，乃風水上化煞鎮宅吉祥之寶物，在台灣常見的門口、窗台、大樓門前的擋煞物品之一。山海鎮是在方形木板或鏡子的中央，畫上八卦太極圖，左右兩側各安日、月星君，下方畫山岳湖海及化煞之符咒，並在兩側寫上「我家如山海、移山來倒海、對我生正財」，藉由海、山、神靈的力量，來鎮制屋外的沖煞，宜朝屋外懸掛。山海鎮可化解多種(壁刀煞、天斬煞、路沖煞、探頭煞、藥罐煞、電塔煞、電筒煞、樹叢煞、高壓煞、開口煞……等等)的屋外風水煞氣，有移山倒海的能量用意。

○八卦鏡

八卦相傳由伏羲氏所創，其構造分別刻有：乾、坤、震、巽、坎、離、艮、兌八個卦象，代表天、地、雷、風、水、火、山、澤八個自然現象，造型為八邊形，代表東、南、西、北、東南、東北、西南、西北八個方位。在風水上也具有化煞避邪的功能，能夠化解許多屋外的煞氣，不過八卦鏡一般分為

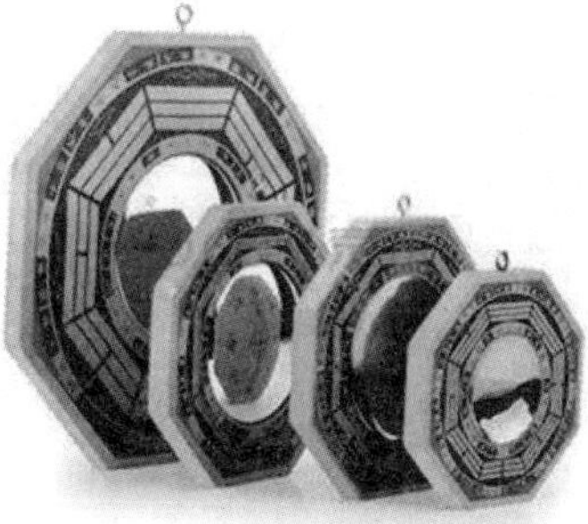

平面鏡、凸面鏡及凹面鏡三種，其功效有所不同，八卦鏡只能掛在室外，不能掛在室內。

○石敢當

石敢當又名「泰山石敢當」，起源於古代黃帝蚩尤之戰，因蚩尤所向無敵、戰無不勝，不免狂妄自大、目中無人。一日蚩尤登上泰山高呼「天下誰敢當」，女媧娘娘震怒，認為他驕傲無禮，有心懲治他一番，於是擲下補天彩石一顆，上面寫著「泰山石敢當」五字，嚇得蚩尤膽顫心驚、畏懼潛逃、一路敗退，後於涿鹿被黃帝所擒。

民間即以此典故，將石敢當作鎮壓凶地之物，豎立於門外以防止陰邪直沖民宅。凡巷沖、地沼、橋頭、山叉路口、沿海、山區、凶宅等地，人們皆以石敢當作避邪、壓風、平浪、制煞之用，可以自製寫上「泰山石敢當」，立於擋煞處接收陽光照射，接收天地正氣能量，而不須開光的制煞物品。可化解路沖煞、河水沖、天斬煞、反弓煞、車道開口煞等戶外煞氣。

○五帝錢

五帝錢指的就是清朝五位皇帝，分別是「順治、康熙、雍正、乾隆、嘉慶」，在世時所鑄造的古銅錢幣，會鑄刻上這清朝五位皇帝的名字。當時五帝在位時代，是風調雨順、國泰民安、國運昌隆，因此帶有皇帝年號的銅錢，就具有提升能量、穩固氣場之效果。

銅錢外圓內方，外圓代表天，內方代表地，中間的皇帝年號代表人，因此天、地、人三才俱備，具有扭轉乾坤的能量。銅錢性質剛硬、五行屬金，是為陽剛之物，故能驅除陰邪、化解煞氣、加強地氣。懸掛於化煞之處，可以形成無形的氣場，保護住在家宅裡的人平安順利。

014、擋煞氣物品需要到寺廟裡開光嗎？

先來談談……開光是什麼意思？

很多朋友應該會提到，爲什麼要開光？大家可能都有過這樣的一個經歷，就是拿着自己的貼身之物，像佛珠、玉佩、手鍊、項鍊、行車平安飾品等去寺廟開光，然後就會開心地覺得開過光的東西，是可以給自己帶來平安及帶來好福氣的。

所謂「開光」是一種宗教儀式，最早期是道教的專利，隨後佛教的傳人和興盛，逐漸成為佛教的一種儀式。所以目前開光分為「道教開光」、「佛教開光」，還有「風水師開光」、「靈氣師開光」等幾種開光方式。

開光對各宗教來說是隆重恭敬的儀式，是要開啟物品的靈性，賦予物品能量或法力，最後使開光之物來庇佑敬拜的人，保佑其平安、順心並免於邪靈的影響。

○開光的進行、真偽判斷？

1. 到附近的佛寺正廟，請僧人、師父、道士、道長等幫你開光；這個開光是隨緣隨喜、

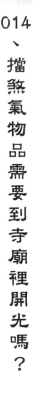

歡喜功德金的，就是歡喜接受開光的平安好能量。

2.如果幫你開光，有明碼開價，那就可以掉頭離開，開光出高價，讓人心生畏懼，這種開光程序肯定是假冒不真實的。

3.也可以尋求有口碑的專業人士，包括風水師、命理師、靈氣師等，都能夠開光的，最主要是有德行、有修行、有燒香禮佛、有安奉神明的專業老師。

4.藉助佛菩薩的加持力來開光，先向佛菩薩稟報開光的緣由，然後在燒香的大香爐過三圈。

5.也可以透過香火鼎盛的大廟神明的加持力來開光，先向主祀神明稟報開光的緣由，然後在燒香的大香爐過三圈。

○擋煞氣物品經過開光的用意？

關於開光這件事，猶如「擋煞氣物品」接受神聖的洗禮，賦予神聖的任務，也順帶有淨化擋煞物品，使之清淨的意義存在。

所以，我們現在不管是到寺廟還是道觀都可以看到這種「開光」儀式，就是把宗教神靈的「靈力」透過儀式使其「入駐」某個東西裡面，那麼這個東西就有了一種神聖的力量。

完成「開光」儀式後，驗證是否開光完成，可將「擋煞氣物品」平放桌上，用掌心來感受「物品的能量」，閉上眼睛後，會有一股熱熱的暖流湧上掌心並感到很喜悅，這就是開光後的好能量。

◯ 擋煞氣物品真的有用嗎？

未開光的物品，就是一般擺飾物品，一旦開光之後，賦予神聖的任務，這「擋煞氣物品」就可以執行任務，扮演著擋煞避邪的角色。

◯ 需要到寺廟裡開光嗎？

這些「擋煞氣物品」不一定要到寺廟裡開光，基本上要執行擋煞避邪的任務，就必須開光。

015、現代居家面對煞氣的觀念？五帝錢管用嗎？

在現代居家設計當中，除了格局機能、風格表現外，住宅風水也是許多屋主重視的因素，居家空間內有哪些常見的風水禁忌、煞氣？又該如何化解？

1. 穿堂煞，又稱「穿堂風」

這是陽宅一入門，第一個會遇到的格局問題，是指「門對門、門對窗、窗對窗」的格局，這種情形會使剛進屋的氣流直接穿過客廳而從後門出去，造成室內氣場快速流動，無法聚氣、聚能量。

↓化解方法：

只要是空間條件允許，建議可設置一處獨立玄關，作為進入屋內的緩衝動線，也可以利用屏風、櫃子、窗簾等物品，阻擋入門氣流動線，來化解穿堂風的格局煞氣。

2. 穿心煞，又稱「穿樑煞」

這是指橫樑從門上通過，就有如一根巨杵直接從門外撞進屋內，形成「穿心煞」的格局。不論是大門、房門或是廚房門，都可能會發生橫樑穿入的格局。從科學角度解釋，出入口有大樑在視覺上容易形成壓迫感，久而久之自然形成心理上的壓力，進而導致注意力無法集中，影響工作上、學業上的表現。

↓化解方法：

因建築物的結構是無法更動，最直接的化解是裝潢時，包覆成間接光照射的天花板，用視覺遮蔽的方式避開大樑經過門口的格局呈現。

3. 樑壓頭頂，又稱「壓樑煞」

這是有樑柱經過頭頂的地方，容易產生頭頂、肩膀的壓迫感，影響居住者精神壓力，若用風水學的角度來看，橫樑就像頭頂上的一把刀，時時刻刻在頭部頂端壓迫著無法動彈。常見在客廳的沙發、臥室的床頭、書桌的壓頂等等。

↓化解方法：

現代裝潢常見會以造型天花板來隱藏、修飾樑柱線條，或是直接依照橫樑的深度，規劃書櫃、衣櫃或是置物櫃機能；以包覆、修飾、隱藏、改造的方式來化解並削弱壓樑的煞氣。

4. 對門煞，又稱「門口煞」

這是居家格局中，「房門對房門」產生居家空間中常見的對門煞格局，此情況會形成家人少有互動、都互不關心，口舌是非多，因此在動線規劃上需多加留意房門相對的格局。

↓化解方法：

建議在裝潢房子時，就應該避開房門相對的格局位置；若是無法更動，則可以加裝門簾來化解，或是善用隱藏門的美化設計，切齊房門相對的存在感。

○五帝錢的應用，要如何懸掛才會管用？

五帝錢指的就是清朝五位皇帝，分別是「順治、康熙、雍正、乾隆、嘉慶」，在世時所鑄造的古銅錢幣，會鑄刻上這清朝五位皇帝的名字。

當時五帝在位時代，是風調雨順、國泰民安、國運昌隆，因此帶有皇帝年號的銅錢，就具有提升能量、穩固氣場之效果。

銅錢外圓內方，外圓代表天，內方代表地，中間的皇帝年號代表人，因此天、地、人三才俱備，具有扭轉乾坤的能量。銅錢性質剛硬、五行屬金，是為陽剛之物，故能驅除陰邪、化解煞氣、加強地氣。

五帝在位時間正好180年，有完整三甲子的三元九運，而且皇帝的名號也是五行俱足。順治屬北方水，康熙屬東方木，雍正屬中央土，乾隆屬西方金，嘉慶屬南方火，因此五帝錢之功效是可見的。

○五帝錢在居家風水的十種妙用：

1. **增加財氣**：安置在家中的財位、聚寶盆內、水晶洞內，提升家中財運。
2. **增加前陽台能量**：當房子的陽台外推，形成懸空部分，可在外推的牆下方，放置6串五帝錢，就能補足外推陽台氣場，增加男主人的事業運勢。
3. **增加房子缺角能量**：在房子不方正的缺角處，放置已開光的五帝錢，沿著缺角的牆邊擺放1串五帝錢，若是兩邊則各擺放2串，若是三邊則各擺放3串，以此類推，可為房屋補足缺角的能量地氣。

4. **增加大門氣場能量**：當大門尺寸不吉、不夠大器、對到隔壁大門、對到電梯門口，都可在門框或門檻處懸掛五帝錢，增加門口能量氣場。

5. **增加門內向心力能量**：外門與內門，形成同門不同軸，象徵家人不同心，宜在內外門中間懸掛一串五帝錢，增加家人同心能量氣場。

6. **化解居家拱門煞**：當居家內部的裝潢有拱門造型，需在拱門兩側各掛一串五帝錢化解。

7. **化解門前向下樓梯**：當居家有門前下坡、面對向下樓梯，可在門口的門墊下方，安置6串五帝錢，提升門口地氣、避免能量外流之問題。

8. **化解沙發無實牆、座椅後無靠、睡床頭反睡**：可在沙發背後或桌椅背後或睡床頭背後，安置2串五帝錢，放置兩端，以形成一道無形的氣場牆，來進行化解。

9. **化解屋內的壁刀煞、壓樑煞**：在煞氣對到的位置上，懸掛1串五帝錢，可形成一道無形的氣場牆，來進行保護與化解。

10. **化解屋外的探頭煞、開口煞、壁刀煞、天斬煞**：在窗戶上懸掛1串五帝錢，以形成一道無形的氣場牆，來進行保護與化解。

五帝錢具有提升能量、穩固氣場之效果

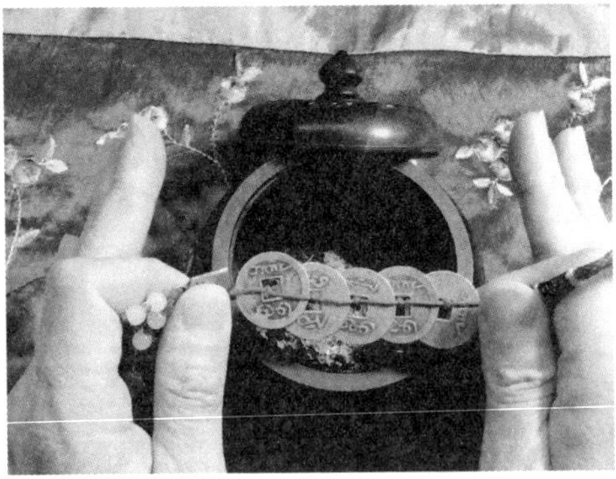

五帝錢淨化開光之後，可進行保護與煞氣化解

016、現代風水原理的應用，真的有科學根據嗎？

風水是古代老祖先的智慧傳承！到了現代則是將風水原理，以綜合自然科學的方式呈現，用現代術語的說法，它是「統計學、環境學、格局學、心理學、色彩學」，以及「氣場學、能量學」的應用之大成。

古代從民居、村鎮、城市、宮殿、陵墓等的建築過程，都會以風水乘生氣和納生氣

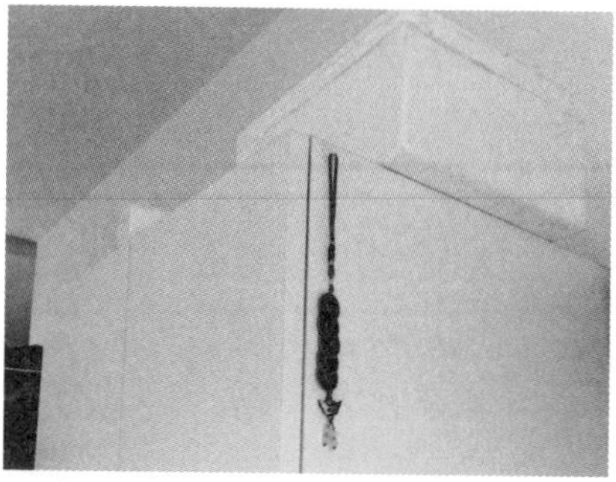

懸掛廚房

懸掛窗戶

懸掛門邊

的原則營造，並運用當代建築藝術與文化風俗意識來呈現。

認同風水的人，認為風水是一門經驗法則，大部分的推斷都是從經驗中去證實，然後以此經驗慢慢累積出法則與風水原理，藉以造福現代人群的居住幸福。

所以，現代風水原理，真的有科學根據嗎？相信的人，就會選擇相信；不相信的人，只能靠時間來證明一切！

【風水師的價值】

風水遇到有問題，風水師如何改善？坊間很多書，大家看了就懂，而風水師價值在哪？農曆七月真的能裝潢嗎？

風水是老祖先的智慧傳承！套句現代術語的說法，它是「統計學、環境學、格局學、心理學、色彩學」，以及「氣場學、能量學」的應用之大成。

遠在秦朝時代，就有風水學的應用及流傳，古時候，更將其視為「帝王之學」，一般老百姓是碰不得的、學不到的。哪像我們現代人這麼幸福，風水書在坊間、各大書局、網路世界裡，比比皆是觸手可得的知識，一代一代傳承的老師們將古人的智慧，用現代白話文的說法，呈現在世人及觀眾朋友面前。

風水師如何改善有問題的風水格局？改善住宅的風水，真的不用大興土木嗎？坊間很多風水書，觀眾朋友都可以自己看嗎？為何住家的裝潢動工需要擇日呢？

羅盤是風水師的必備工具

017、居家裝潢、動工為何需要擇日？

擇日就是選好的氣場能量，避開生肖的沖煞，依照當事人要做什麼事，擇取一個合適的吉祥日子，能配合大自然運行的規律，除去凶煞、合乎自然。

為何要擇日？其重要性是非常廣，例如：

擇日又稱為「吉課」，舉凡「開工、開市、開業、破土、動土、結婚、安床、安奉神位、新居落成、剖腹生產、喜事、喪事、移遷、新居儀式」等等，全離不開擇日。

擇日還需配合大自然運行的規律，以易經原理來評估擇日規律的挑選，以「先天八卦為體，後天八卦為用」之原則，選出吉祥日子、良辰吉時的好日子。

所以，擇日在台灣民間習俗上，又叫「看日子、挑日子」。

一般的破土、動土、動工儀式，一定要擇日。所謂「動土如人之受胎」，主要是指建築時，開始動鋤頭，頭一次稱為動土，即

「破土」：用在陰宅起葬與遷葬。

「動土」：用在陽宅新地基起蓋。

「**動工**」：用在家居裝潢與施工。

○破土儀式：

目前一般破土儀式由堪輿師、主事者共同主持，但有時也按地點的實際需求而加入道士的制煞儀式。

○動土儀式：

主要由主事者進行，告知掌管這塊土地上的神明、鬼神、煞神，即將在此地興工建宅，一方面唯恐冒犯神煞、先舉行儀式稟告，請求神靈協助興工順利，並驅逐煞神與穢氣。

○動工儀式：

主要由設計師、承包工頭任一位來進行，告知這住家的地基主，即將在此地裝潢與施工，請求施工過程一切順利。

018、台灣風水師如何改善風水格局？

風水師的專業與德行最為重要！

專業的風水師必須具備「室內設計、建築結構、環境科學和色彩學」等的基本知識，因為不懂相關知識的風水師，會被質疑其傳承何師和知識水平。

風水師的收費並無市價，大部分風水師會參考服務內容的複雜性、以及委託人所在的地理位置而定價，有者甚至只收空紅包袋一封，背面有委託人的親自簽名，代表「能量交換、互不相欠」。

○風水師如何改善風水？

1. **風水師的裝備**：外出服務時，風水師要隨身攜帶「羅盤、項鍊、手鍊、五帝錢、元寶、開光法印、紅紙、香爐、除障草」。

2. **風水師的堪輿**：到了委託人家中，要先親切問候委託人及屋主家人；在樓下大門要先打開羅盤，量測一下大樓的坐向；進入屋內時，判斷陽台及大門處，何者為坐向的量測位置：量測出屋內坐向時，要先告知委託人，今天堪輿這間房子的坐向為何？

3. **屋內格局勘查**：知道屋子坐向後，開始進行「門、主、灶」的格局勘查，先從「大門、玄關、客廳、前陽台、主人臥房、小孩房、書房、廚房、廁所、後陽台、儲藏室……等」全部勘查一次，再慢慢告知委託人，今天勘查格局的吉凶、需改善之處？

4. **改善風水格局**：以科學角度解釋「採光、通風、動線」的格局分析，提出房子的內外是否有煞氣及不好格局的存在，告知委託人，可以如何改善與調整，盡量採用「窗簾、門簾、櫃子、移動現有家具、點燈、擺綠植栽、移開雜物堆積、建議垃圾桶位置、隨手關廁所門、清潔灰塵、移除累贅的擺設……等」以現場格局所見為主，用科學、方便、現有、不勞師動眾的方式，建議風水格局的改善，達到好的採光、好的通風、適宜的動線？

019、改善住宅的風水，不用大興土木嗎？

當建議改善風水格局的當下，只要是能達到「好的採光、好的通風、適宜的動線」，風水改善就已經是達到80分的好格局了。

至於另外的20分，要靠委託人及屋主家人共同來努力、共同維繫，和樂的家庭、歡樂的笑聲、幸福的氛圍，就能累積20分的居家好福氣。

所以，當風水堪輿的當下，發現不好的格局與煞氣，除了善用佈局方式來改善之外，真的不用大興土木，正所謂：「福地福人居、福人居福地」，用喜悅的平常心，就能撐起 100 分好格局的居家風水。

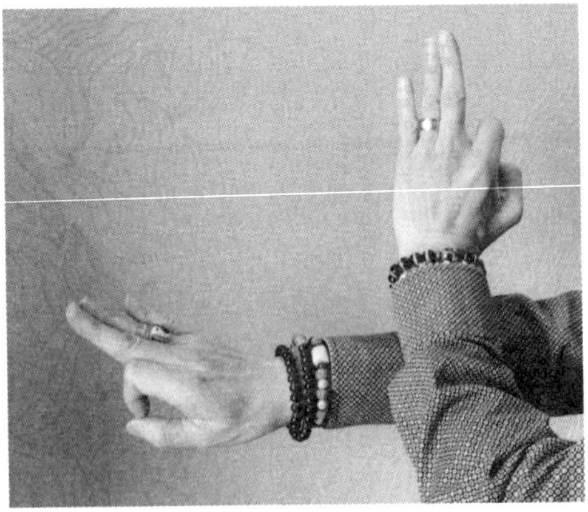

好風水：採光好、通風佳、動線適宜

020、坊間很多風水書都是有用嗎？

目前出版的風水書，可以區分成八大類：

1. **古文類**：依照古文的文獻，重新整理並分門別類地呈現在書本上，適合風水師來看。

2. **圖解類**：將風水格局、煞氣、化解步驟、改善方法，用圖文解說方式呈現在書本上，適合初學者來看。

3. **白話文類**：翻譯古文風水的文獻記載，採用現代話術及述說方式，簡單方式呈現在書本上，適合買屋換屋的朋友來看。

4. **漫畫圖解**：很用心地將風水名詞、巒頭、理氣、門派用法、玄學應用，用漫畫的方式，輕鬆逗趣地呈現在書本上，適合年輕族群來看。

5. **商業書類**：用很嚴謹的角度，分析風水煞氣、風水催發、玄學能量的應用，重點是要讀者進行閱讀之後，產生似懂非懂的疑惑，在書本上會附上聯絡方式及老師的成功案例，讓讀者能夠聯繫上老師，進而報名、授課、學習風水，適合風水鑽研者來看。

6. **工具書類**：這是用心的風水老師、風水學習者、風水興趣者，在學習專研風水之餘，將其風水祕訣、風水筆記、風水要領，分門別類地記錄在書本上，當成日後翻閱與參考的使用，適合風水愛好者來看。

7. **個案分析**：此類的分析過程，是風水師的經驗分享，也是堪輿經驗的累積成果，用心地整理個案，分門別類地說明風水格局、風水煞氣、如何改善、如何化解、步驟分享、建議方法，完整地記錄在書本上，讓讀者實際參考及情境式瞭解，其風水改善後的效果，會用實際照片及簡單文字呈現在書本上，適合有興趣民眾來看。

8. **參考書類**：這一類的書籍，比較艱深難懂，會有古文的原始圖拓、古文的詩詞、古人的收藏口訣、古人觀天看地的實際要領，忠實呈現在書本上，適合資深風水師來看。

以上是坊間眾多風水書的分類，近二十年以來，翔手自己也寫了六本書，大多是定位在「工具書類」，讀者不用從頭看到尾，只要先翻閱目錄的章節，找到讀者想看的部分，再翻閱內容進行學習即可。

翔丰目前所著作的六本工具書

網路、坊間書局這麼多的風水書，是否讀者買回家自我學習都是有用、有效果的？那可就是「見仁見智」，完全是依照讀者朋友們所要的需求而定！所謂：師父引進門，修行看自己。

021、風水師的價值在哪裡？

身為一位風水師，除了要具備專業的風水知識外，還必須常關心他人、樂善好施、善心迎人、修養口德、潔身自愛、自我約束、嚴以律己、低調行事、不求回報，必能得到更多人的信服與尊重！另外，對一個有責任感的風水師來說，加強風水堪輿的研究、現代環境科學的學習、現代建築物的變遷、與時俱進的現代化煞改變……等等，要不斷自我充電，修身涵養與能量提升，維持自身堪輿水平及感恩惜福的一顆初心，是極其必要的。

○究竟價值在哪裡？

其實就是為人祈福、化解不如意及改善困境，不求回報的一顆心，這就是風水師的價值。

翔丰進行祈福、開光五帝錢

022、分享風水堪輿的實際、有趣個案

風水堪輿的學習，翔手自19歲開始接觸，先是業餘看風水，到了32歲拜師之後，正式為熟識朋友看風水及化煞、祈福，以服務的心境為朋友的家改善風水，進行格局建議與煞氣化解，直到二〇二二年為止超過30多年以上，估計也有近千家以上的陽宅風水堪輿累積，累積不少有趣的風水個案與格局改善。

就以近年來二〇二一～二〇二二年的近百家堪輿個案中，列出10家服務個案，如下分享給讀者：

1. **信義區修護廠**：彌勒佛的附身，堪輿後修車廠的生意興隆。
2. **台北素食店地下室**：靈界朋友的驅離，堪輿後素食店生意也開始變好了。
3. **萬華區洛陽街**：客廳環境重新安置、文昌筆兩處安置、環境煙供，家人關係變好了。
4. **西門町的旅館**：請走靈界朋友、格局堪輿、環境煙供、做結界、拉地氣，後來聽老闆分享，調整後生意興隆了。

5. **蘆洲區民族路**：獅王靈馴服、觀音像開光、環境格局堪輿、時空財位安置、文昌筆安置，家裡平安順心。

6. **新莊全家便利店**：請走靈界朋友、格局堪輿、地下室煙供、拉地氣、大門之巷沖結界、紅紙佛印兩處、時鐘調整、鏡子布簾建議，過了一陣子便利商店也是生意興隆。

7. **桃園有巢氏仲介**：堪輿五個樓層環境、格局堪輿、拉地氣，改善後生意興隆了。

8. **羅斯福路補習班**：格局再堪輿、明財位鹽燈指導、移走吸塵器、更換書報架，調整後也是生意興隆隆了。

9. **復興南路健身房**：健身房格局建議、明財位安置建議、環境格局建議、至少6組五帝錢化煞，生意也興隆了。

10. **林口大樓入新居**：入新居儀式、明財位安置、暗財位安置、文昌位置安置、時空元寶安置、五帝錢化煞、煙供環境，住了很開心，也介紹隔壁鄰居來堪輿。

綜合以上的10家堪輿個案，居家或是公司行號的格局堪輿，都會有「明財位安置、暗財位安置、文昌筆安置、時空元寶安置、五帝錢化煞、煙供環境、祈福服務、神明廳安座」的溫馨服務，發現靈界朋友進駐，也會用溫和方式、溝通請祂離開，不會再額外收取費用，這才是風水師的助人本份，讓風水服務形成一項喜悅的互動，能真心為委託人祈福，而風水師自己也是擁有滿滿的成就感與幸福喜悅心。

時空元寶安置

文昌筆安置

五帝錢化煞

明財位安置

神明廳安座

祈福服務

【宮廟周圍能量】

許多讀者朋友會認為住在佛寺、宮廟附近，更能受到菩薩、神明的庇佑，是真的嗎？住在宮廟附近，對於個人、家庭、健康和社交運勢所造成的影響是正面的，還是負面的？

不論是佛寺正廟還是宗祠陰廟，有人會疑惑地問著住在佛寺、宮廟附近，對日常生活是好，還是不好？住在宮廟附近更能受到菩薩、神明的保護，居住的品質、噪音、味道、健康、工作或運勢，會如何看待？

在宮廟附近置產到底適宜嗎？好兄弟、靈界朋友，為何喜歡圍繞在大廟的周圍？如果，多年後家的附近蓋了宮廟，如何化解、改善？

青山綠水是宮廟氣場最好的位置

023、住在佛寺、宮廟附近會有影響嗎？

喜歡拜拜的人什麼都拜，什麼都不奇怪，除了正神大廟，還有奇石、老樹、歷史人物、無主屍骸、未出嫁而亡故的女性姑娘，都願意建廟來祭拜，台灣的宮廟種類很多，有陽廟也有陰廟，陽廟就是菩薩、神明居住的地方；而陰廟就是特殊事件死去的亡靈們被祭拜的地方。

許多佛寺廟宇會蓋建在住宅區附近，究竟對住在廟宇周邊的人們，有哪些影響：

1. 住在廟宇正後方，家中男性的工作會不順利。
2. 住在廟宇正前方，家中長輩的身體狀況不佳。
3. 住在廟宇右側方，家中整體的財運狀況不佳。
4. 住在廟宇左側方，家中運勢的貴人會有減少。
5. 住在廟角沖到方，家中子孫的外出容易受傷。
6. 開門開窗見到燒金爐，家中成員會藥物不斷。
7. 出門見到廟的龍柱壁刀，人會犯懶且意志消沉。
8. 開門開窗見到迎神明，家中成員易犯陰見煞。

廟宇佛寺的廟角

024、靈界朋友為何喜歡圍繞在大廟的周圍？

廟宇的正前方和正後方，其實就是陰陽兩界的通道，不論是陽廟還是陰廟，這兩個位置都不建議居住，因為好兄弟、靈界朋友們從這兩處進出是最方便的。

再來是佛寺、宮廟常會有誦經、法會、祭拜、祭改的活動，靈界朋友、好兄弟們可以來湊熱鬧及分享功德，也會有免費的佈施餐、香燭的供養。所以不論是陽廟還是陰廟，靈界朋友、好兄弟都喜歡圍繞在大廟的周圍，進行分食、供養、累積功德、聽經聞法。

廟宇佛寺之周圍

025、多年後家的附近蓋了宮廟，如何化解、改善？

在風水學中，佛寺、宮廟的場所都是帶有祭祀性質的，也就是「陰寒之氣」比較重的地方。佛寺、宮廟、道觀會是陰寒之氣集中的地方。會給人神聖而陰森的感覺，容易使得住在宮廟周圍的氣場「陰盛陽衰，陰陽不調」，不利於人們的健康。

佛寺、宮廟是人們宗教信仰的祭祀、皈依之地，又是歷史文化的匯聚之所。古代人認為，佛寺、宮廟、道觀都是祈福保平安的地方；現代人又怎麼會覺得不適合居住呢？

○寺廟附近的房子適合居住嗎？

1. 由於廟宇、佛寺、宮廟通常都修建在風景幽雅、環境良好的地方，處於風水寶地，因而旺氣盡數被其佔去，好運能量氣場所剩無幾。
2. 在其附近所建的住宅，想必已經形成了「外強內弱、生氣薄弱」的格局，則不會再有好的氣運。
3. 受到寺廟周圍的陰寒之氣影響，因此很不吉利，也充滿靈界朋友、好兄弟的負面能量，尤其是在寺廟前後、左右，都更不適合長期居住。

4. 對於環境來，廟宇、佛寺、宮廟、神壇都是屬於公共場所，人多聲雜，噪音不斷，對住家環境缺乏寧靜，不是理想的居住環境品質。

◯如果住在寺廟附近，如何化解、改善？

1. 神前廟後屬於孤煞之地：可以擺放綠色植物，增加生氣蓬勃的氣息。
2. 佛左廟右屬於陰煞之地：可以改裝氣密窗及加裝窗簾，阻絕噪音與遮擋視線。
3. 室內光線須充足並保持明亮，玄關門口處可以加裝LED燈，保持長亮。
4. 若是住廟宇屋脊兩端，被尖聳高翹沖對的位置：可以懸掛五帝錢，形成一道無形氣牆。

廟宇佛寺的卍字龍邊側門

026、置產的考量，還有哪些地方住了會有影響？

買房子除了自住之外就是置產投資的考量，投資置產則是更積極的尋求能夠增值，但是住房要保值或增值來看，不要去買到令我們後悔的房子！

哪些類型的房子，買了住了會有影響？列出如下六種類型：

1. 高壓電塔或基地台旁的房子

高壓電塔或基地台是屬於嫌惡設施，風水上也屬於不好的格局，應該盡量避免，房價要保值、增值都較為不易。住高壓電塔或者是基地台旁，較易傳出住戶致病或罹癌，不得不小心。

2. 高架道或三鐵共構的房子

面對高架道、捷運、高鐵及台鐵旁邊的房子，容易有噪音、隱私差及交通塞車……等問題，除非是高出高架道（6樓以上）或是鐵路有地下化的機會，否則噪音煞是一項惱人的風水問題。

3. 不見天日及沒對外窗的房子

所謂不見天日的房子，即是沒有開窗或是陽光照不進來的房子。陽光、空氣、水是人類生存三大元素，住在不見天日的房子會有礙健康，不通風、易潮濕、招陰生穢氣，這是風水上很大的問題。

4. 飛機航道下或捷運共構的房子

飛機航道下或是飛機場周邊的房子，因為噪音及限高等因素，居住的人長期受到精神上的壓抑；捷運共構的房子，容易有噪音、震動及施工廢氣的影響，這會形成風水上的聲音煞及施工噪音煞，都是不好的風水格局問題。

5. 房子樓下是宮廟的神壇

宮廟每年都有很多的慶典、法會等熱鬧的活動，住家居住的寧適度也會受影響，對小孩的身心靈也是不好的，更何況是人住在鬼神之上，這樣家人可以住得安穩嗎？樓下的慶典、法會活動，薰香及誦經活動，這會形成風水上的味道煞及音波煞。

6. 房子鄰近是墳墓區或納骨塔

墳墓區是屬嫌惡設施，鄰近墳墓區，除了對孩子的環境教育不佳之外，也會使家人的心情低落、工作熱情受影響；而納骨塔附近是因為法會活動、清明、中元節時，人多會有交通阻塞、祭拜與誦經等問題，這會形成風水上的招陰煞及煙霧瀰漫煞，都是較不好的風水格局問題。

宮廟的附近，周圍都是住宅與大樓

027、整體來看，住在廟宇附近有哪些煞氣？

1、廟角煞：住在2～3樓以上，被廟宇的屋頂尖角給沖射到住宅。

2、音波煞：廟宇的誦經聲，因為相同頻率，時間一久，而形成洗腦音波。

3、味道煞：因為燒紙錢、燒香、點香燭的活動，而造成味道四處飄散。

4、招陰煞：住在廟宇的前後、左右附近，與廟宇等高，容易沾染到負能量。

5、廢氣煞：因為法會、廟會的人多聚集及汽機車眾多，容易排放廢氣與二氧化碳。

6、噪音煞：廟會的人多聚集、神壇活動、來自四面八方，容易造成聲音喧嘩吵雜。

7、煙霧瀰漫煞：燒紙錢、燒香、發爐及放環保鞭炮，容易造成煙霧瀰漫及粉塵。

被廟宇的屋頂尖角沖射

屋內房間直接看到尖角

028、除了宮廟周圍外，哪些地方陰氣很重？

在風水上的判斷，住宅的陰氣太重容易造成身體不佳、容易背黑鍋、容易被扯後腿，甚至是有把柄和小辮子被小人抓到的現象。

整個宇宙間存在的兩股「陰、陽」能量和磁場，它是共存及同時存在。所謂的「陰氣重」是不好的風水現象。住在陰氣太重的房子，容易造成身體欠安、運勢不順、工作受阻、小人當道、貴人遠離……等問題出現。

列出四種陰氣重，被房子正對、位於兩旁：

1. 房子與隧道正對、兩旁

車子經過的隧道又稱為陰洞，雖然是在地面上，位在土堆的下方，等於被埋在山裡頭，是屬於陰暗的地帶。住屋若是正對隧道口，或是隧道旁邊，因為隧道有車輛經過，車輛會夾帶風的流動，所以隧道口的風速會特別強，住在這裡受到的沖煞會很大。

2. 房子與殯儀館正對、兩旁

有往生者的殯儀館屬於陰地，因為殯儀館是放置往生者的地方、哭喪的地方，此處會釋放出悲痛、哀傷的負能量，讓殯儀館籠罩著悲苦的氛圍，住家正對殯儀館，或是位在殯儀館旁邊，容易受到此種氣氛的影響，住在這裡的人易感受到悲傷能量，都很難運勢興旺。

3. 房子與墓園正對、兩旁

房子正對墓園、納骨塔，或是位在墓園、納骨塔旁邊，同樣是往生者下葬、骨灰罈存放的地方，屬於往生者長期居住的地方，墓園、納骨塔人煙會較稀少，也是較為荒涼，同樣都是陰氣重的地方，住在這裡沾染負能量的陰煞會很大。

4. 房子與廟宇正對、兩旁

佛寺廟宇周圍也屬於陰氣較重的地方，雖然裡面拜的是菩薩、神明，而廟宇外面周圍則是靈界朋友、好兄弟，到了晚上的氛圍一定會比較詭異，這種詭異的氣就可以稱為「陰氣」。廟宇兩旁及附近的房屋，只適合商家做生意，並不適合人居住，若是住在此地，陰性能量比較強，容易有沖煞的問題，心情上、運勢上不可能會變好，受到干擾影響會很大。

房子正對到、兩旁有「納骨塔」，受到干擾會比較大

【廁所與廚房禁忌】

古老的風水中，有「水火不留十字線」口訣，是指居家住宅內的「水位—廁所」及「火位—爐灶」，不宜同時在「羅盤上的十字線」之內。廁所屬水，廚房屬火，這兩者均不能在住宅內的中央線上，以羅盤的測量位置為基準線，這是為什麼呢？要如何化解、處理？

一般人看風水，比較會注意玄關、客廳、臥房、陽台……之類的地方，有很多人都忽略了，「廁所」才是居家風水的重要一環，而且廁所在對全家人的健康，有著非常重大的影響，廁所的風水格局千萬不能忽視。用現代風水角度來看廁所格局，應該是「明亮、清潔、舒適」為最基本的條件。

為何廁所及廚房不可以在房子正中間？十字線是什麼？風水的解釋、科學的解釋？真的買到位居房子中間，要如何化解、處理？

029、何謂十字線，代表什麼意義？

古老傳承中，有一句重要的風水口訣，就是「水火不留十字線」，這句口訣是指陽宅的住家中，「水位」及「火位」不宜同時在羅盤的十字線之內。

廁所及廚房不可在，羅盤的測量十字線上

傳統住家風水以「灶」屬於火，而「井」屬於水；傳承到現代居家住宅中，「廁所」屬水，「廚房」屬火。

因為現代環境變遷，轉變得非常快速，很多家庭已經不使用「爐灶」來生火煮飯，改用瓦斯爐、電磁爐來使用，所以廚房的「瓦斯爐、電磁爐」仍屬於火；再來是洗澡、洗臉、如廁時，會使用大量的水，所以浴室屬於水。現代風水對於家居「水、火」這兩個位置，必須要特別留意不要設置在「十字線」上。

手機羅盤軟體的測量十字線

030、風水的解釋、科學的解釋？

陽宅最忌諱將「廁所」設置在住宅中的正中間，因為廁所居中就容易穢氣四散，住在此屋宅之人，會產生味道的刺鼻、潮濕霉味、病蚊蟲的滋生，甚至引來奇怪的小昆蟲或聚集特別不可預知的問題，應該避開廁所設置在屋宅的中央位置。

另外陽宅還有一項需要注意之處，就是「廚房」設置，也不要位在住宅的正中間，因為廚房居中就容易熱氣四散，住在此屋宅之人，會感受到煮飯燒菜時，瓦斯的熱氣前後飄散、烹煮的油煙味充滿屋內、呼吸道受影響、油煙油漬會吸附牆壁或天花板，甚至會招來小強及蚊蠅的聚集，應該避免將廚房設置在屋宅的中央位置。

以科學的解釋，水位設置在屋宅中央，容易造成居住的人們，感染風濕及濕氣重的問題，地板易潮濕就容易滑到，也是影響居家安全的主因。

而火位設置在屋宅中央，容易造成居住的人們，影響呼吸道的問題、瓦斯外洩的中毒問題，天地板及牆壁因油煙油漬的飄散吸附，容易油膩而破壞裝潢及牆壁的油漆剝落，容易產生壁癌及油膩而導致灰塵沾黏，滋生病蚊蟲、細菌增加的居家危機。

火位-廚房是烹煮食物的地方，與水位—廁所穢氣相對，形成水火十字線上，會導致病從口入、禍從口出、病禍齊來，所以，廚房的爐灶、廁所馬桶、兩處入門口也不能相對會比較好。

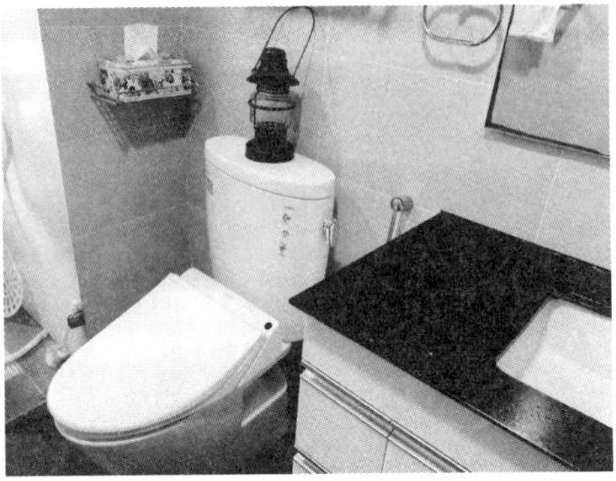

廁所實際圖

廚房實際圖

031、居家的廁所風水，哪些還要注意？

廁所是陽宅的居住家人中，清洗身體、排汙清潔之處，對居家風水的影響很大，如果沒有位於陽宅的居中，其廁所首重通風乾燥、明亮整潔，最好還是要「清潔乾淨」，避免濕氣、臭氣、穢氣、細菌、霉菌……會跑到室內的其他空間，例如：客廳、書房、房間、孩子遊戲間……等等，除了會影響家人的健康，還會在無形之中影響家人的運勢。

另外還要注意的五個要項如下：

1、馬桶勿對廁所門

馬桶正對廁所門，不但如廁時很沒安全感也不雅觀，在風水上廁所的穢氣會影響家中其他區域，容易影響家中成員的健康及觀瞻。

2、鏡子勿對廁所門

鏡子正對廁所門，不但會開門時自己被自己給嚇到，在風水上鏡子的反射，也會影響一個人精、氣、神，打開廁所門忽然被鏡子的影像反射照到，會有不安全感產生。

3、廁所門勿對睡床

回家想要好好休息，但是廁所門對到床的任何一處，會產生穢氣干擾休息而導致多夢、睡眠品質差，時間久了容易精神衰弱。

4、廁所地面比外面地板高

廁所地面高於外面地板、房間地板、客廳地板，洗澡水、汙水濕氣容易流到外面地板，影響外面其他區域，且客廳代表門面、外在運勢，若低於廁所穢氣之處，影響住宅中人的運勢。

5、廁所勿堆紙箱和雜物

廢棄紙箱、雜物切勿堆放在廁所內，或將廁所當倉庫使用，等於把住宅的穢氣、排泄系統阻塞住，勢

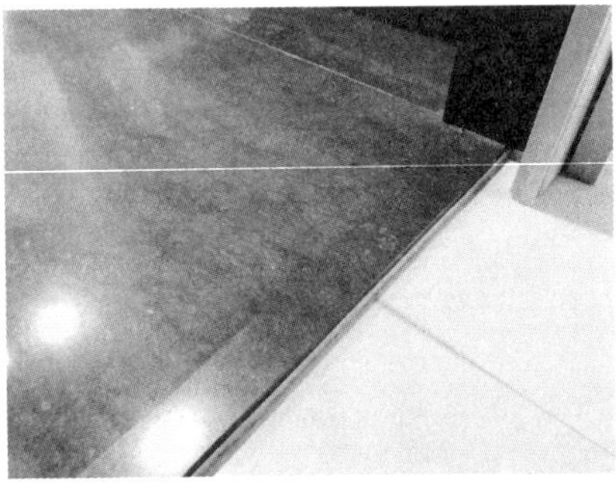

廁所地面與外面地板，建議加裝一個門檻

必會通風不良且造成味道累積，即使是暫時堆放，也須保持收納整齊，以免造成的後續不良影響會很大。

032、居家的廚房風水，哪些還要避免？

廚房對整個陽宅也是重要的空間格局，除了提供居家的烹調飲食外，還可以興家旺宅、保護女主人身體健康，還可以招來榮華富貴，因此廚房風水的設置，不能與廁所相對、不能在十字線上；當廚房格局配置得好，全家才會歡樂、健康、沒煩惱。

廚房也還有要注意的十個要項如下：

1. 爐灶後面避免窗戶

氣流冷熱對流，容易讓瓦斯熄滅，發生中毒危險。

影響層面：煮飯的人，容易瓦斯中毒，灶火容易被吹熄。

2. 爐灶與洗碗台相鄰

相鄰太近，會有水火不容，洗碗時淋濕瓦斯的火，容易造成危險。

影響層面：家人容易口角，脾氣容易暴躁及耐不住性子。

3. 爐灶位置設計不平

不要有高低落差，會不易守財、投資失利、負能量強。

影響層面：家人容易受傷、碰撞、情緒不穩定。

4. 爐灶不要對冰箱門

冷熱對流太強，容易使冰箱食物不易保存，讓瓦斯熄滅等問題。

影響層面：家人容易鬥嘴，溝通不良及意見喬不攏。

5. 爐灶不與廁所相鄰

煮飯時，廁所的味道、穢氣飄到食物中，造成食物不美味、沒食慾。

影響層面：家人容易情緒低落，做事提不起勁及積極度不足。

6. 廚房水管保持通暢

預防並小心積水，容易造成工作壓力大，影響女主人婦科不順。

影響層面：女主人容易有婦科問題、腸胃不適及消化不良。

7. 廚房後方設有神桌

代表神明背後放有火爐烤，造成神明坐立難安，家運會下滑。

影響層面：家人工作運受影響，家庭成員容易爭吵及想法不一致。

8. 廚房後面包著廁所

廁所是穢氣之處，當其飄散到廚房，會有腸胃道疾病的產生。

影響層面：家人的健康受影響，味道煞及口角容易產生。

9. 爐灶設陽台外推處

爐灶在後陽台延伸外推處，烹煮時爐灶懸空，容易造成危險。

影響層面：子女的工作運、讀書運、健康運會受影響。

10. 爐灶台之周圍髒亂

代表家人工作忙碌，無心整理、打掃，容易孳生蟑螂、細菌。

影響層面：女主人容易財運不順，工作運、理財運受影響。

要累積與家旺宅的好運勢，廚房首先以「整潔、採光、通風、盡量寬敞」為主，最好是廚房有道門隔離內外之分，如果是開放式廚房，油煙排除、有獨立開窗通風，為首要安置。

033、買到位居房子中間，要如何化解、處理？

回歸風水上的口訣，真正的「水火不留十字線」，是指「廚房」與「廁所」不應同時出現在羅盤的十字線上，這盤面上紅紅的兩條線，一條「橫線」與另一條「直線」內。會有格局問題應驗的話，最容易發生是指「廚房」與「廁所」同時設置在十字線上。

當你真買到位居房子中間，家人健康、感情便容易出現問題，以下有幾點化解方式：

1.在廁所內裝上LED省電燈座，能24小時常亮，點亮光明前程。
2.在廁所或廚房的任一方，前方加個屏風，阻擋兩邊的水火互通。
3.可以隨手關閉廁所的門，最好廚房前的門邊，也加裝短門簾更好。
4.在廁所的洗手台邊，及廚房的入口處，種植常綠的植物。
5.採用開光的五帝錢，懸掛在廁所與廚房的入口處，形成無形的保護氣牆。
6.能夠常說好話、心懷感恩、助人不求回報、心態柔軟，便可化解並改善十字線上的問題。

034、旺財靠廚房、旺運靠廁所，真的嗎？

○廚房要旺財，下列建議：

1.**爐灶下有放米缸甕**：裡面的米常保八分滿，聚財聚福旺不停。
2.**洗碗台水流向財位**：水龍頭的方向，常對著家裡財位方，財水收納不外流。

3. **冰箱隱密廚具契合**：冰箱是古時候的財庫，擺放的位置要隱密，與廚房家具一體。

4. **垃圾隨時清理回收**：廚房的垃圾要天天清理，不可產生食物腐臭味，財神才不會遠離。

5. **流理台面寬而乾淨**：爐灶與洗碗台的相鄰位置越寬越好，擁有滿漢全席的富貴，能招待賓客萬千，象徵滿滿財庫駛進港。

○廁所要旺運，下列建議：

1. **常擺綠植栽—旺健康**：在廁所內擺上常綠植栽，呼吸會變好，眼睛會保護，身體變健康。

2. **全年常亮燈—旺福運**：採用省電燈泡，長年點亮小燈，猶如長明燈，照亮事業前途。

3. **馬桶隨手蓋—旺財氣**：馬桶使用後，隨手蓋上馬桶的蓋子，臭味不四散，帶來好財氣。

4. **隨手關廁門—旺心情**：廁所使用離開後，隨手關上廁所的門，喜悅好心情。

5. **鏡子不照門—旺睡眠**：廁所的鏡子直射照著廁所門，晚上睡眠會不安穩。

第二章 拜拜簡化

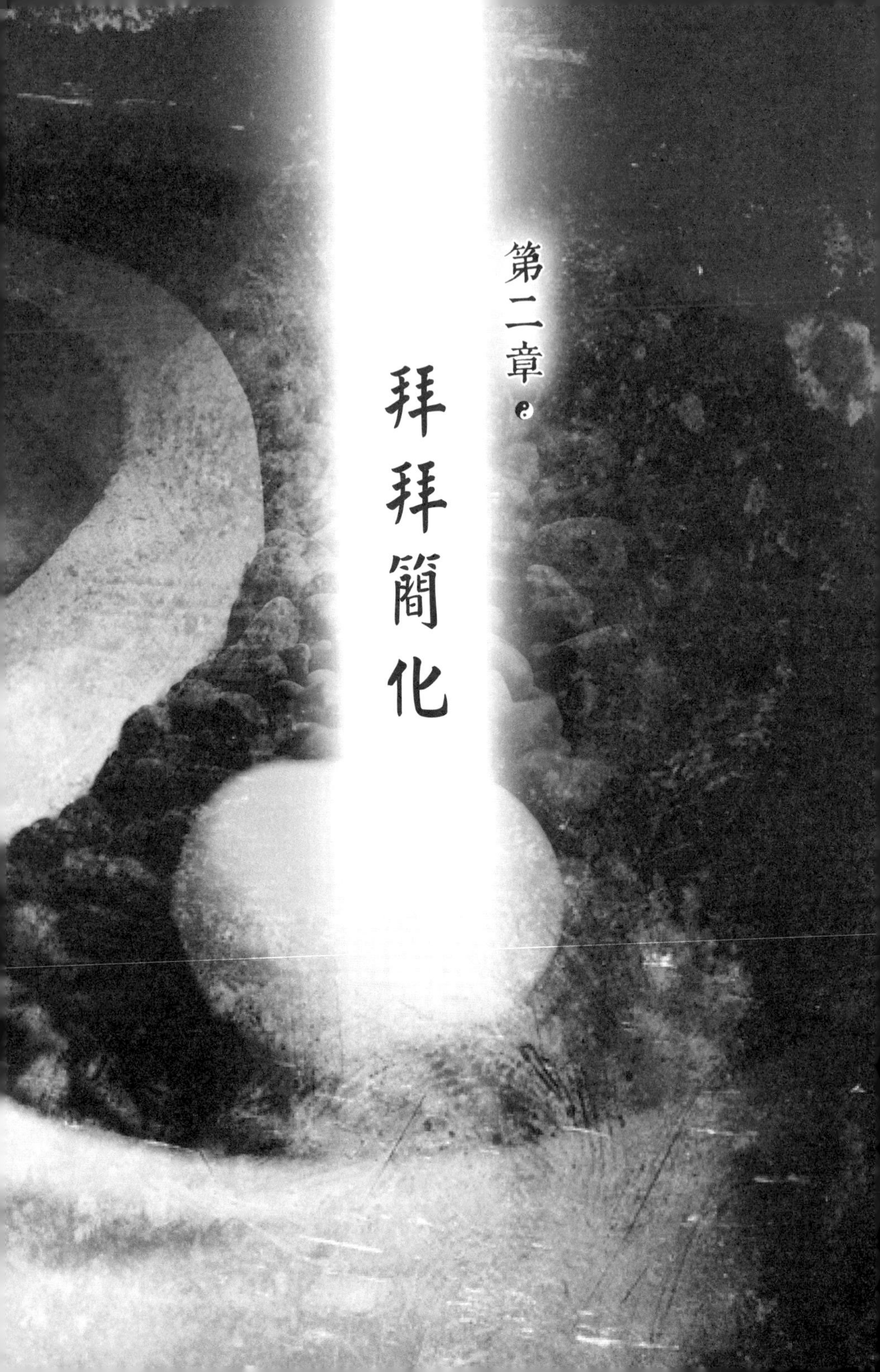

第二章・拜拜簡化

【香是無形天線】

風水應用裡有一個靈魂角色，一定要介紹給讀者朋友們，那就是─香！拜神明、祖先需要上香來溝通？香的長度、種類有差嗎？環保、健康的考量，真的需要上香嗎？

這個流傳幾千年來的靈魂角色─香，就是人與神明溝通的工具。透過香的引導，人們可以將心裡的願望，讓神明知道，神明也才能有明確方向，知道信徒的需求，進而幫忙協助達成願望。

「香」在風水應用領域中，扮演了舉足輕重的角色！古人很有智慧，知道計算時間，用一炷香來計算，古時的一炷香就是半個時辰，相當於我們現代的一個小時。

淨化空間—也需要用到「香」；
開光化煞物品—也需要用到「香」；
菩薩、神明進行溝通—也需要用到「香」。
香一點上，神明就會現身在神像旁邊，等著聆聽信徒們的心願。

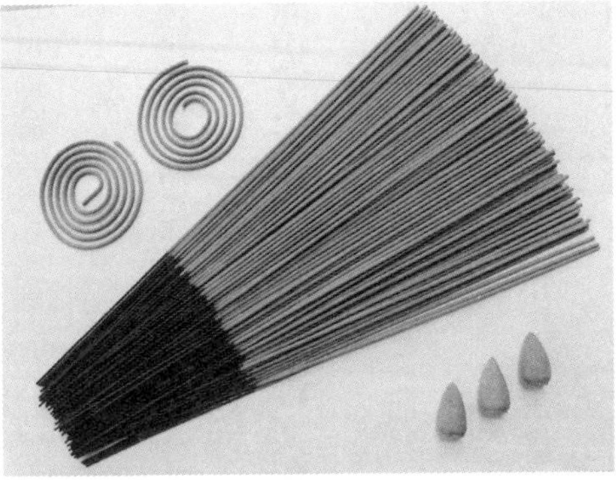

香—人與神明溝通的工具

035、用香的歷史？

可以遠溯至女媧補天的傳說。相傳女媧娘娘透過五色石及焚香後所產生的煙來補天；後來焚香、燒香慢慢成為人們與神明溝通的工具。隨著焚香、燒香的盛行，製香業的守護神，相傳是九天玄女，尊稱其為「香媽」，數千年來就這樣流傳至今。

○ 歷史文字的記載：香文化，起源於遠古祭祀之禮。

起始於 春秋－佩香；最早有香的文字記載！

成型於 秦漢－和香；絲路之路！

成熟於 隋唐－用香；佛道盛行、祭祀菩薩與神明！

普及於 兩宋－燃香；焚香助興、淨化空間與環境！

完善於 明清－品香，延伸至今，稱為「香道」！

流傳到現代，風水應用領域，會使用「立香、香粉、環香、塔香、倒流香」來搭配互動。

036、到廟宇上香祈福，該如何正確跟神明溝通？

如何向菩薩、神明祈福，主要是透過「香」來進行溝通，稟報心願時，一定要簡短、清楚表達心裡的想法，祈求的心願後，更要在心中報出自己的「名字與家中地址」，如此菩薩、神明才能有效掌握「人、事、時、地、物」，進而收到你所祈求的願望。

037、廟宇不再焚香祭拜，信徒如何祈求神明？

目前多數廟宇因應環保議題，不再焚香祭拜，基本上神佛都在你我心中，心存感恩與恭敬的心，就會擁有保佑平安與好運。然而要與神佛溝通，仍然需要透過「香」這個工具，神佛才能聆聽到信徒們的心願，進而才能協助達成心願。

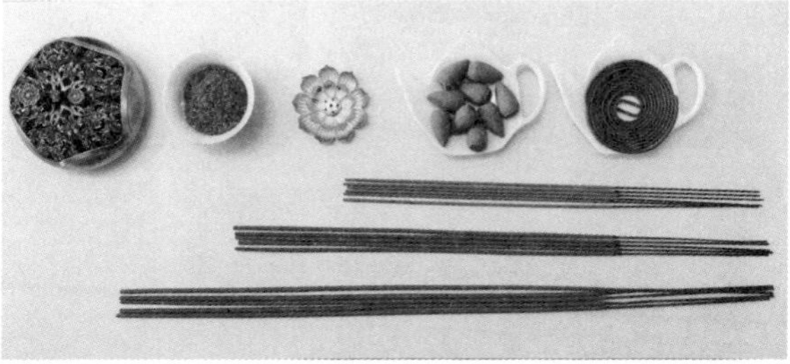

立香、香粉、環香、塔香、倒流香

038、拜拜用的香，為何長短有分？

傳統的神明廳有神明，有公媽，有尊卑順序的，神明的香就是要比公媽的長，以示尊敬，順道一提，神明的長明燈、香爐、博杯也都是要比公媽的大一些。

目前市面上的立香，傳統有三種的選擇：

一尺六(48.5cm)：約50~60分鐘，供奉神明，不適合祭拜祖先。

一尺三(39.5cm)：約30~40分鐘，可同時祭拜祖先與供奉神明。

一尺(30.5cm)：約20多分鐘，提供需要燃燒時間較短的朋友，能兼具環保，可減少空氣瀰漫。

現代社會提倡環保，盡量減少焚香祭拜，其實神明、佛菩薩是「不食人間煙火」的，只需合掌、誠心膜拜，就能得到與神明的感應與祝福，所以香的長短，並不會影響給神明的心意，建議使用1尺長的香就足夠。

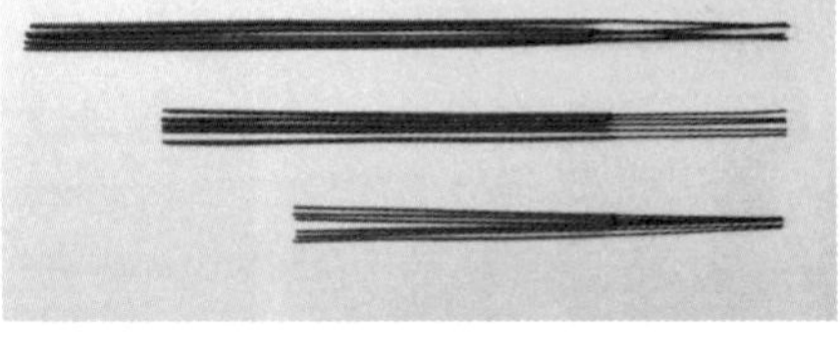

三種長度的香：1尺6、1尺3、1尺

039、香的尺寸長度皆不同，哪一種長度才合適？

香的尺寸長度，傳統是一尺六拜神明、一尺三拜祖先。由於現代推動節能減碳，要有好的空氣品質，燒香也要縮短時間，因此也可以採用一尺的香，也是能對神明、祖先，達到最誠心誠意的敬意。

現代化的焚香祈福方式，建議使用「環香一小截、香粉一小勺」，也能取代一整炷香的功德能量，都是可以完成拜拜及禮敬神明、菩薩的誠意。

040、拜拜插香爐的手，有規定哪一隻手嗎？

插香爐的手，建議用「左手」，如此對神明、菩薩、祖先才是尊敬，因為右手一般來說，都是拿來做比較不潔的事情，例如擦屁股、擤鼻涕、摳物品，所以，建議插香用左手，對神明祖先才比較尊重。當然，如果是左撇子的朋友，那就建議使用右手來插香。

041、向神明祈求願望，成真後該如何感謝？

向神明祈求願望，當願望成真，就必須還願及答謝。

以下兩種方式，擇一即可：

1. 到神明所在的廟宇上一炷香感謝，並點捐香油錢，多少不拘。
2. 準備水果、餅乾、糖果等，到神明所在的廟宇上一炷香感謝。

記得，向神明祈求願望得到應驗，一定要守信回禮答謝，好運才會持續長久。

042、祖先和神明的香，是否有規定的數量？

1. 重大節日，三炷香。
2. 有事許願，三炷香。
3. 有事稟報，三炷香。
4. 許願回覆，一炷香。
5. 平時感恩，一炷香。

只是問候神明，可以合掌點心香，心意虔誠，神佛菩薩就能感受到訊息，稟告內容要簡短明瞭，記得三要素「你的名字、你的住址、何事稟報」，就能讓你如願。

043、請神、送神習俗，如何讓神明走快一點？

神明其實只要一炷香，誠心祈求，神明就能立刻來來去去，也不需燒任何紙錢、雲馬，藉此減少空氣汙染。

044、家裡有神明廳，到底要不要點香？

點香的用意，是讓附在神像上的神靈，可以因香而感應能量增強！因為環保及家人健康，而盡量減少焚香祭拜的時間，點香、焚香能讓神明快速與我們溝通、聆聽我們的心聲及祈願；建議平時沒有事要祈求，就不用點太長的香，可以每天早上點個3～5分鐘，表達我們虔誠的敬意，讓神明、佛菩薩感應到我們的心意才是最重要！

045、如何分辨成份是否天然的香？

從三方面觀察：1、味道不刺鼻，2、香的煙氣不會燻眼睛，3、掉下來的香灰不會燙手。

「天然香」與「化學香」的差異：

天然香：點燃時香氣帶天然木材或藥香味，味道清香舒服，非濃郁香精的味道。不刺鼻、不燻眼；香灰掉落手上時只有微溫，但不燙手；純天然香品，油煙用抹布沾水擦拭即可，易清潔。

化學香：點燃時帶有香精香味，香味明顯，香品放久味道會改變；香灰會燙手、火星較大，燃燒數度快；燃燒後的油煙易沾黏，不易清潔，需清潔劑才能去除。

左邊：天然香　　右邊：化學香

046、焚香本身涵義為何？

可以淨心，也可以靜心，讓自己的心沉靜下來。想文案或是公司報告，都是可以快速讓自己進入狀況的，出家眾、比丘、比丘尼也都是以這樣的方式來讓心情定下來。

另外一個作用是除煞。一般所謂的煞氣、不好的惡源，它都有一種比較濁惡的氣場。香本身就有定神、除煞的功用，在風水上經常應用於淨化環境及開光制煞物品。

香本身可以有定神、除煞、淨心的功用

【紙錢該不該燒】

分享風水的應用過程中，拜拜是一定要有的，那在拜拜之後的必要程序，大家一定會猜到是「燒紙錢」！祖先託夢缺錢，是真的嗎？燒紙錢真的祖先、好兄弟收得到嗎？

「紙錢」在華人的傳統裡，扮演著民情風俗與慎終追遠的角色！早期時代的長輩們認為燒紙錢給神明，可以祈求招財進寶；燒銀紙給亡靈祖先，可以讓祂們在陰間好好過日子，但根據環保署統計，台灣一年約燒26萬至28萬公噸紙錢，其經濟規模超過131億元，並產生超過22.5萬公噸的二氧化碳，不可忽視。

但真的是需要這樣燒嗎？燒紙錢也會有害環保？到底要如何做，才能在傳統與現代環保之間取得平衡，是很重要的課題。

紙錢，是拜拜文化的精神象徵

047、紙錢燒越多越代表心意十足？

多數人相信，人死後會變成靈界朋友，而靈界朋友在另外一個世界生活，也同樣需要用到錢來滿足祂們的生活所需，陽間所有的物品、金錢，在陰間同樣也需要。

所以，盡可能將生前所穿的衣服、工具、物品、貨幣，通通放進棺木內，希望透過焚燒後可以帶到陰間繼續使用，逐漸轉化成紙紮做的物品、紙錢，燒化後讓亡者、親人帶到陰間繼續使用，但是「燒紙錢」越多，就代表心意十足，願望也能快速實現，真的是如此嗎？

事實上，神明是不食人間煙火，紙錢對祂們是沒有意義的，只是做給活人看的而已；至於靈界朋友，祂們的世界是不需要陽世間這些物品，祂們需要的是功德，也就是親人摺蓮花給祂們是最好的，其他東西對祂們來說，都是收不到的。

燒紙錢越多，會越好嗎？

048、常見的紙錢會有哪些種類？

目前市面上，紙錢是在紙錢上貼有金色的錫箔，而銀紙則是貼上銀色的錫箔，傳統使用介紹：

紙錢：用於祭拜神明、兵馬將。

銀紙：用於祭祖拜祖先、往生親人、靈界朋友。

大致分類如下十種：天公金、天金尺金、壽金、福金、刈金、銀紙、經衣、雲馬、墓紙、蓮花。

天公金：

天公金顧名思義就是在祭拜天公（玉皇大帝）時使用，又稱恩光金或頂極金，紙錢上會寫「叩答恩光」四個字。屬於較大張的紙錢，面積約15 x 20.5公分，紙張厚度比其他紙錢薄。

天金、尺金：

天金與尺金用於祭拜最高位階的神明，屬於中等大小的紙錢。在北台灣常使用天金，南台灣則常使用尺金，現在市面則有天金與尺金併成一組的天尺金。

壽金：

壽金用來祭拜次高位階之後的大多數神明，所以是常見的紙錢，紙錢上印有福祿壽三仙。屬於中等大小的紙錢，面積約15 x 12公分。另外有較大張的大百壽金，大小接近天公金，也是厚度比較薄的紙錢。

福金：

福金用來祭拜最基層的神明，也就是土地公（福德正神），所以又被稱為土地公金。屬於小張的紙錢，面積約10 x 7公分，一般福金上沒有印製特別圖案。

刈金：

刈金也是最常見的紙錢，可以用來祭拜絕大多數的一般神明，也能用來祭拜祖先與好兄弟（鬼魂）。屬於中等大小的紙錢，面積約12 x 8.5公分。而在中台灣，有另一種同樣等級的紙錢，稱為四方金。

銀紙：

相對於紙錢的種類，銀紙種類較少，基本上可分成大銀跟小銀。大銀屬於中等大小的紙錢，面積14.5 x 12.5公分，用來祭拜祖先。小銀則是屬於小張的紙錢，面積約10 x 7公分，用來祭拜好兄弟。

經衣：

經衣是在中元普渡時用來燒給好兄弟的紙錢，上面印製有衣服、剪刀、梳子等圖案，代表燒給好兄弟梳洗使用。形狀是較長的長方形，面積約為6 x 20.5公分。

雲馬：

雲馬是用在送神或迎神時使用的紙錢，代表燒交通工具給神明用，另有一種上面只寫雲馬。紙錢上的圖案，會有馬、船、雲等，近代則會有飛機、火車等現在交通工具。

墓紙：

墓紙是在掃墓時使用的紙錢，使用方式不是焚燒，而是在掃墓完成後，以3至5張（單數）為一組，以石頭壓在墓上，代表祖墳已經清掃修繕。

蓮花：

蓮花紙錢上面通常都會有經文，在你摺的過程中，你的手碰觸了那些經文，也是在消除當今的業障，摺的過程、燒的過程都是在改變磁場，消除摺蓮花的你及往生者的業障。

049、燒紙錢由來，有哪些典故、傳說？

相傳在東漢時代，有個名叫尤文一的秀才，寒窗苦讀十幾年，卻沒能獲取功名。他便棄筆從商，投身在東漢大發明家蔡倫的門下，學習造紙。尤文一天資聰穎，很受蔡倫的器重，便將自己的技術全部傳給了尤文一。

蔡倫過世後，尤文一繼承了蔡倫的事業，造起紙來。儘管他造的紙再多再好，但在當時社會中，用紙的人極少，造出的紙賣不出去，庫房裡堆積如山。

為此，尤文一十分苦惱，最終想出一個推銷「紙張」手法：假裝重病死去，要其妻告訴左右鄰居，若是將紙剪成「銅錢」形狀焚燒之，賄賂鬼差，死者即可復活。

鄰居們一開始不相信，其妻子派一個人在尤文一的靈前燒紙，到了第三天，尤秀才突然坐起來，讓家人們是又驚又喜。

此事傳開後，一名不信邪的老員外把尤文一找來，對他說：「我家用金錢陪葬，不是比紙值錢的多嗎？」

尤文一回應：「員外有所不知，這金銀是人間所用的，絕帶不去地獄，不信，員外可掘開祖墳，那些陪葬的金銀保證分毫沒動。」員外聽了認為很有道理，漸漸地這件事蹟便傳開了，買紙的人一下子多起來，成為當時最暢銷的產品，也讓這項風俗流傳了下來。

另外一種說法則是認為燒紙錢的習俗很可能起源於道教燒符令（符咒紙、道家用的祕文、符咒）的宗教儀軌，尤其是認為燒紙錢就像燒符咒紙一樣，具有能夠傳遞能量給祖先或神鬼的工具。

早在東漢出土的墓碑裡，就已經發現有符令。符令最先在東漢時期天師張道陵創立正一道時就有了，但到了魏晉南北朝時期，符令的發展又非常興盛，燒紙錢已經開始成為葬禮的一部分。到了唐朝，燒紙錢已經相當普遍，不僅燒給去世的家人，也燒給其他鬼神。

唐朝，封演撰寫《封氏聞見記》，共十卷。該書記載，古代埋玉器、幣帛以祭祀鬼神，漢朝埋寶錢陪葬，魏晉開始用紙錢送葬；唐朝的習俗則不分王公庶民，盛行燒紙錢送葬。

050、燒紙錢真的有用嗎？

在老一輩時代的長輩，認為燒紙錢給神明，可以祈求招財進寶；燒銀紙給亡靈祖先，可以讓祂們在陰間好好過日子。

而燒紙錢並不是佛教的文化，也不是佛教的信仰，當年釋迦摩尼佛得道之後，對於印度的其他宗派們，他們會有祭火及燒各種物品、貢品的儀式，因此就開導他們，拜這種火是沒有用的，最主要是唸佛、修心、善口業才能得到好的因果及輪迴。

其實人死後到陰間，都要接受審判，總結今生所做的一切對與錯，功過賞罰之後，來定論是否可以升天或轉世投胎，甚至有的亡靈還要留在陰間繼續受罰、勞力，直到業障還清之時，才能順利投胎為人，或轉世為六道因緣及輪迴。

051、燒紙紮形象物品真的會變成靈界的實物嗎？

華人傳統喜歡燒房子給祖先及親人，那靈界現在不就樓滿為患，靈界真有那麼多土地嗎？況且有人還燒金童、玉女去服侍亡者，那陰間地獄豈不平白無故多出兩條靈魂出來？

因此，這些都是反射活人現實的心理，尋求慰藉罷了。在西方基督教、天主教、印度佛教、回教等各地，沒有這種風俗習慣，只有華人社會還保有這項陋習，持續看到燒紙錢給神明、燒銀紙給亡靈、燒紙房子、燒金童玉女、燒汽車、燒電器用品、燒手機……。

事實上這些紙錢燒到了陰間，不可以拿來買東西、不可以用來交易、不可以用來賄賂鬼差，不可以過更好的日子，因為根本不需要。

這些傳統都是一種「慰靈」的作用！僅僅是安慰這個亡靈，而燒紙錢給祂們，事實上是收不到的，只有讓活著的人，心中產生關懷、贖罪、補償生前沒做好的遺憾，彌補活著的人的罪惡感罷了。

052、北宜公路上常常看到撒紙錢、冥紙，有用嗎？

在北宜公路上經常出車禍的地方，我們會看到有司機路過，會撒紙錢、冥紙，好像撒了後可以得到平安，其實是造成環境汙染，以及讓路過的人產生心裡的恐懼感！這些靈界朋友是絕對拿不到的，撒這些紙錢是多餘的！

華人的社會裡，總以為在陰間也是有錢好辦事，所以希望自己死了以後，後代子孫也能多燒些紙錢給自己，能在陰間使用。

事實上，如果往生後還只惦記著錢，那在因果輪迴循環中，每一世將跟錢脫離不了關係，無法跳脫一直找錢的生活，這種辛苦找錢的日子，何嘗不是件苦差事。

053、在另外一個世界生活，到底需不需要這些紙錢？

需要燒紙錢給菩薩、神明、兵馬將？事實上祂們的地位是超出三界之外，不用也不需要紙錢來滿足祂們的需求。

陰間祖先、亡靈、靈界朋友，祂們在另外一個世界生活，是在等待功過賞罰，也是不需要紙錢來過活！亡靈本身不需要、鬼差也用不著，所以燒紙錢也是多餘的。

與其燒紙錢，倒不如虔誠「唸佛、頌經」來得有用！讓亡靈、祖先、先人聽到佛法、經文以後，可以得到功德，消除本身罪業。

聽到佛法、經文、感恩的話，對鬼魂來講是非常有幫助的，對亡靈來講也是非常好的，可以超生、能夠超渡，讓亡者心中的仇恨、怨念、執著，通通放下，使其早日到達淨土，或是順利輪迴，再轉世為人。

透過「唸佛、唸經、感恩」的方式，對靈界朋友、亡者、祖先、親人、鬼魂才是非常有用的，不需要用燒紙錢方式來消災滅罪、超生、超渡。

054、燒紙錢、銀紙對我們活著的人有什麼影響？

多燒紙錢，對我們地球的生態破壞會越來越多！

我們地球上的樹木越來越少，因為紙張是由樹木而來的，為了製造紙張必須砍伐樹木，紙錢製造越多，等於砍伐越多的樹木，在焚燒的過程中還會造成地球的溫室效應，如此生態環保影響，以及健康的無形殺手，這都是我們要面對、要去思考的議題。

所以燒紙錢對鬼神沒有用、與佛法是相違背，對人間的災難，只會越來越多，不僅僅損失了許多的生態資源，對亡者沒用、神明也不收，只增加對人間環境上的損失、生態上的影響，進而犧牲很多生態資源，是不得不深思的一個問題！

055、燒紙錢到底是該不該燒？

我們應當多多奉勸佛、道教教徒們應多唸佛、多唸經；非佛教徒們，應多感恩、多盡孝道；少花真錢去買紙錢，要做功德，就得親力親為、捐獻身邊多餘的閒錢，來幫助困苦的家人，及社會上的弱勢團體，做點社會福利有關的回饋，這樣增加累積的福報功德，會比燒紙錢來得有用。

燒紙錢是傳統民間信仰與宗教習俗，然而卻造成全球暖化、空氣汙染、健康問題，能減少焚燒紙錢就盡量減少，因為影響的都是我們下一代的未來。

若是能將「唸佛、頌經」功德迴向給祖先、親人、亡靈的儀式，以及迴向給神明、菩薩的儀式推廣出去，一定是比燒紙錢更好，對環境保護更有益處。

宗教民俗要與時俱進，要克服的第一順位不是神明、祖先、亡靈，而是民眾、讀者朋友們是否能接受。要如何讓現代的年輕人，在老一輩傳統思想下，接受這樣的改變，不再依循繁文縟節般的儀式，這樣才能逐步改善傳統觀念的迷失。

056、六道輪迴為何？

佛教認為世間眾生，因造作善不善諸業，而有業報受身，此業報受身有六個去處，故被稱為六道。而這六道，是佛根據業報身所受福報大小而劃分的，分別為：天道、人道、阿修羅道、畜生道、餓鬼道、地獄道。

天道：沒有煩惱，福報也很大。

人道：能夠得到人身是非常不容易的。

阿修羅道：容貌醜陋、瞋怒傲慢、常愛戰鬥。

畜生道：是苦多於樂的，置身弱肉強食的情境。

餓鬼道：不能飲水、不能吞嚥、吃下的食物會燃燒成火。

地獄道：身處八熱地獄、八寒地獄、孤獨地獄、受苦地獄。

【拜三牲應變通】

逢年過節，例如農曆過年、清明節、中元普渡等大節日，都會準備「三牲供品」來祭拜神明及祖先！

多數人皆離不開「拜拜」的傳統儀式，其起源可追溯自四、五千年前「三皇五帝」時期，拜拜儀式能讓民眾心安，台灣的拜拜儀式結合了「儒、道、佛」的思想，有敬天拜地的祭祀及祈福，還有對祖先的追思感念，一代傳承一代地藉由「拜拜」的禮俗，來加強自己對於人生的信念與命運，正所謂「心誠則靈，有拜有保佑」。

拜拜時，最常見的三牲供品為「全雞、豬肉、全魚」的組合。而這三牲供品自古到今的傳承，卻也帶有吉祥的寓意，雞台語唸法與「家」相似，象徵著家庭團圓；豬則有「諸事順利」的含意，魚則代表了「年年有餘」的吉祥意念。

現代社會忙碌的雙薪家庭，越來越多的年輕爸爸媽媽，對祭拜三牲的準備，常常是一個頭兩個大，不管是三牲、四牲、五牲，還是需要葷的、素的，加上各大節日需要準備的物品也不盡相同，祭品擺法也都有傳統規定，加上拜拜後食物的保存大不易，一不小心浪費了祭品，那也不是菩薩、神明及祖先所樂見的。

拜拜時，最常見的三牲供品

057、入寺廟拜拜有哪些形式與注意事項？

一般入廟拜拜，最講究的是懷著誠意與心意！「心誠則靈」是各個宗教的通理。

誠意：就是拜拜的禮儀，行禮如儀、進退有據，展現對神明的尊敬與謙卑。

心意：指拜拜的供品，像是牲禮、水果、糕餅、香燭及香油錢等，為登門祈福的獻禮，現代人說法就是伴手禮的意思。

○入寺廟淨口靜心：

當進入寺、宮、廟，自應「淨口、靜心」以示尊敬！基本的禮儀是，不要惡口、粗口，大聲喧嘩；或在佛寺周遭隨手拿著葷食邊走邊吃；或在寺廟的廟殿中抽菸、飲食、戴帽子，都是對佛、菩薩，對廟中神明不禮貌的行為。

○龍門進、虎門出：

傳統寺廟都是「左尊右卑」，左右的定義是以神明的坐向為準，廟的左側「龍邊」；

廟的右側「虎邊」。左龍門進，阻邪納祥瑞之氣；右虎口出，降邪化煞，宛如新生。

○拜拜的順序：

廟宇拜拜的順序「依循左右、上下尊卑」，代表玉皇大帝的天公爐位階最高，天公爐大多置於中門之前。

首先參拜的是天公（玉皇大帝），面朝外，向天祝禱祭拜，然後插香。持香的手勢，多以左手握香，右手包握左手如作揖狀。持香位置約在胸前，持香禮拜時略彎腰行禮。

拜過天公爐後，再左進回內殿。先禮拜主祀神明，再依序先左、後右敬拜。敬拜時，也要先目視神像，表示自己在此禮拜，再向神明稟明心意。

○供品的準備：

建議以方便、便於攜帶、不易變質的供品為主，像是鮮花、水果、糕餅、糖果等都是適合的供品選項。

○拜拜說什麼：

清楚稟明自己的「名字、生肖、家住何處、何事稟報」，簡單自我介紹，方便神明認識你。祈求神明、神威靈感，庇佑闔家平安。心願清楚稟明後，再以博杯確認神明是否願意幫忙，這也是提醒自己已許願，切莫忘了無論願望是否達成，都要記得回來還願。

058、拜拜界的兩位明星？

台灣是多神的社會，從佛祖到媽祖，從觀音到土地公，幾乎是無所不拜。台灣民間信仰，結合中國古代儒、釋、道三教的信仰，隨著閩粵移民來台落地生根，逐漸產生本土的民間信仰。

台灣人的主流宗教信仰，根據美國《宗教與公眾生活計畫報告》統計顯示，台灣民間信仰比例約達45％，佛教則以21％的比例居次，其他獨立宗教的比例約在13％到16％左右，基督教約6％。可見台灣民眾仍以多神的民間信仰最為主要。

台灣的宮廟數量和密度，在世界上相當罕見。全台灣登記有案的宗教建築（寺、廟、宮、堂）超過一萬五千座（寺廟約 1.2 萬多座；教堂約 3 千多座），若加上未登記的宮廟與私人神壇，數字還會更多。

另外，台灣拜拜界還有一項創舉，分別是信眾最多的兩位明星「土地公、媽祖婆」。

○土地公—神明界的田僑仔

根據內政部民政司二〇一四年曾公布一項數字，表示全台共有 189 公頃（57 萬 1,725 坪）土地登記在「神明會」之下，資產價值達數十億元，是貨真價實的大富豪、大地主。根據台北市與新北市近年來清查地籍的結果發現，兩市的最大地主都是以「福德正神」或「土地公」為登記名稱，是名副其實的「田僑仔」。

○媽祖婆—神明界的繞境女神

台灣最知名、最具代表性的宗教民俗活動，屬每年大甲鎮瀾宮的媽祖遶境，更是國際公認的世界三大宗教活動。台灣媽祖廟的數量根據統計僅次於土地公，是全台第二多的廟宇。台灣人對於媽祖的崇敬與熱愛，也隨著一年比一年熱鬧的遶境活動，益發盛大，更形成強大的吸金盛會。

九天的大甲鎮瀾宮媽祖遶境，信徒參與人數突破 120 萬人，進香路線全長三百多公里，如果以平均每人消費約 2,000 元來算，經濟規模就超過24億元，再加上香油錢，以及信徒捐贈的金牌和沿途伴手禮採買、信眾辦桌，整體經濟產值超過40億元。

土地公

媽祖婆

059、拜拜祭祀的儀禮有哪些？

祭祀是人類對宗教信仰實踐的行為表現。本土的民間信仰相當興盛，每個家裡也都有其信奉的宗教，在台灣的寺廟多數為拿香拜拜，包括常見的祭拜節日（如過年、天公生、清明、端午、中元、中秋、重陽等等），每個節日的祭拜，傳統的長輩們遵照以往的禮數，準備三牲四果（雞、豬、魚），這樣才覺得不會失禮。

○三牲四果是什麼？

三牲：「雞、豬、魚」，祭拜時需要注意三牲的完整性，保持有頭有尾，不然會有「無後」的不祥之意，豬肉則可以用豬腳或是三層肉代替。茹素者則有利用麵包、糕點、蒟蒻製作的三牲，一樣可以用來取代。

四果：四果並不是指4種水果，而是四季中的新鮮水果，拜拜時的水果種類以1、3、5種為佳，取單數（單數為陽數）；同一種水果的數量也必須使用3或5的奇數數量。祭拜前清洗過水果即可放上桌，但記得要保持水果的完整性，不可以切開水果、切除頭尾。

○一般對神明的祭拜大體可分為：

(1)**徒手祭拜**：不備香燭、金銀紙，只在神明前合掌拜拜。

(2)**燒香祭拜**：準備香燭對神明祭拜，可不必準備紙錢。

(3)**牲禮祭拜**：是一種較為隆重的祭拜方式，在祭拜時須準備牲禮，一般在年節神誕或謝神之時才舉行，通常有一定的儀禮。

060、傳統祭祀時使用的物品？

全豬：

在大型祭典如神誕、建醮、普渡、結婚、大型祭祀，才有使用全豬。

五牲：

雞、鴨各一隻，魚一條，豬肉一大塊，豬肝一副，用於祭祀玉皇大帝、三官大帝、城隍爺之祭典中。或是在成年、喜慶、喪葬祭典中有時也使用五牲。

三牲：

豬、雞、魚三樣，用於祭祀普通神明如土地公、灶王君等。

小三牲：

以小片豬肉代替大塊豬肉，雞蛋代替雞、魷魚代替魚，用於祭拜神兵，神將。

菜飯：

葷菜和油飯十二種以上，用於祭拜祖先、孤魂。

菜碗：

素菜十二碗，用於供奉釋迦、彌勒、觀音等佛。

糖果、餅乾、鮮果：

用於祭拜家裡的神佛。

粿盒：指糕仔、麻荖，粿盒是裝這些供品的器皿，習慣上總稱為粿盒。

清茶：以三個小茶杯裝茶水，以供奉神佛或祖先。

酒：只要備有牲禮的祭祀中都要用酒來祭祀，一般拜神時用三杯，祭祖時用七杯、九杯。

牲禮：在供品中，牛、豬、羊、五牲、三牲、小三牲合稱牲禮。

這些供品有時可運用數次；即祭拜完上位的神明後可用來供下位的神將，然後可用來祭祀祖先或孤魂等之靈。

061、拜三牲祖先吃得到嗎？

傳統民情習俗，在中元節、清明節的拜拜供品必備有三牲，通常是雞、豬、魚等熟食，祭拜完普渡公後才與好兄弟享用，不應準備生食，以免吃不到。

且三牲的「豬」，一定要帶皮帶油的三層肉，「雞、魚」一定要全雞與全魚，傳說祭祀用的雞不可以切掉任何部位，不然切掉的位置剛好是哪位好兄弟喜歡吃的位置，那就功虧一匱，至於魚不能拜沒有尾巴的鱔魚、鰻魚，因為會「無後」的寓意。

至於拜三牲，祖先們吃得到嗎？基本上都是靈界朋友、好兄弟以吸食供品居多，家裡的祖先、亡者親人，能合爐進神主牌內的魂魄，基本上稱為「香魂」，是由香火袋而引魂進入神主牌內，只要有上香供奉，吸收香煙的能量就能滿足。

而靈界朋友、好兄弟則是孤魂或是流浪在外的魂魄，是必須吸食三牲的豬、雞、魚等熟食的能量，才能補充其鬼魅能量，祂們並不接收香火的供養。只有在修行的靈界朋友才會需要香火、環香、煙供及誦經的功德。

062、中元節普渡拜三牲的原因？不拜三牲可以嗎？

中元節在道教中是個普渡孤魂野鬼的節日，農曆七月在佛教中又被稱為慈悲月、吉祥月，常久以來結合了「慎終追遠是孝，普渡孤魂是仁」的精神，成為祭拜祖先、敬奉孤魂野鬼的傳統節日。

在地獄受苦的鬼魂，難得可以回來接受普渡，對於葷腥肉食最為喜愛，因此普渡好兄弟時最需要準備的就是雞、豬、魚等三牲。祭拜菩薩時反而要以素果為主，不可以沾到葷腥。

因此不論孤魂野鬼或過往親人、冤親債主，也都特別在這個月佈施渡化，期盼普渡能免其苦難。素食者也流行各種食材做成的素三牲、果凍三牲、糕餅三牲或麵包三牲做為拜拜供品。祭拜祖先誠意很足夠，祭拜後孩子也很喜愛吃喔！所以，不拜三牲可以嗎？當然可以。

麵包三牲

糕餅三牲

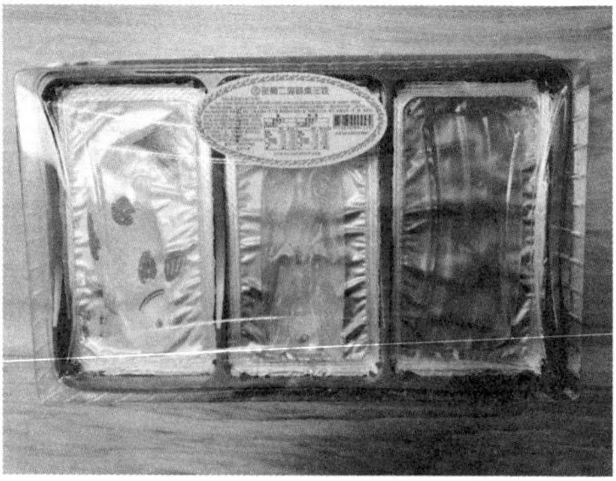

果凍蒟蒻三牲

063、中元節拜另類三牲的變通？

速食店的發達與方便，三牲可改成「滿福堡豬、麥香雞、麥香魚」，也是三牲的另類代表，靈界朋友、好兄弟或許跟著時代的與時俱進更加喜歡。

如果供桌夠大，也可以來三個大披薩「煙燻培根—豬、黃金和風—雞、海鮮總匯—

魚」，再搭配三杯大杯冰冰涼涼的可樂，在炎熱的夏季裡，靈界朋友、好兄弟一定會暢快到底。

064、傳說中的餓鬼道為何？

「餓鬼道」是佛教經典中的「六道輪迴」之一道。當我們往生之後，會因為今生所造作的善諸業，有善良的、有不善良的業力，而有所業報，此業報有六個去處，被稱為「六道」。

所謂六道輪迴，按照生前因果自然會進入不同的道。即是：天道、人道、阿修羅道、畜牲道、餓鬼道、地獄道。

「輪迴」是不斷在天道至地獄道之間的六道進行，純看生前善惡果報來進行與輪替。在《成實論》中說：「於飲食等，生慳貪心，故墮餓鬼。」對飲食、財物等生吝嗇和貪心，就會墮入餓鬼道。

而《正法念處經》中也提到：「一切餓鬼皆為慳貪嫉妒因緣，生於彼處。」這個裡面又多了一個嫉妒心。

從經書得知，形成餓鬼的原因有這三種心：

1、吝嗇心　2、貪心　3、嫉妒心

其實很多時候這三種情況在自己不知不覺當中就會出現。沒有及時修正與改進，就容易種下了墮入餓鬼道的因，當往生後才會落入餓鬼道的果。所以，並不是往生親人、祖先身在餓鬼道，每天吃不飽而需要託夢給在世親人，需要祭拜三牲來填飽肚子，這全都是在世的子孫自己的想像與萌生在世未盡孝心想要彌補的心。

【香灰如何防煞】

日常生活都離不開「拜拜」的習俗，無論佛教或是道教，對於留在香爐的香灰，有人說是神聖之物，能驅魔避邪、收驚保健，治療百病，是真的嗎？

遇到小寶寶半夜哭啼不斷，傳統上阿嬤都會去廟裡求香灰、符令，或是拿著穿過的衣服去佛寺、宮廟來收驚並蓋上朱紅色的法印、神印，真的有效嗎？

在阿嬤那個年代，煞到吃香灰，或是拿符令戴上身，宮廟的符令真的有用嗎？還有發爐代表著什麼意義？

阿嬤時代發生的事情，科學角度怎麼看？風水習俗有具體根據嗎？

宮廟的符令、錢母、佛菩薩的香爐香灰

065、佛教與道教，兩個宗教差異為何？

差異處	佛教	道教
年代	佛曆 2565 年	道曆 4719 年
創建	古印度的釋迦牟尼所創建	祖師爺老子，創始人張道陵
歷史	西元前 6 世紀以前	形成公元 2 世紀
主張	修行未來	修練今生
體現	主張慈悲，明心見性	相信感應，修心練性
處所	寺、庵、精舍、蘭若	宮、觀、廟、府、殿、壇
稱謂	男為僧、女為尼， 在家修行者：居士	男為道士、女為仙姑， 在家修行者：師兄、師姐
禮拜對象	佛、菩薩、羅漢、護法	男神稱天尊，女神稱元君
修持目的	到達西方極樂世界	活得好、活得長壽
開導	放下	不執著
敬人	雙手合十	施禮作揖
皈依	佛，法，僧	道，經，師
燒香數量	1 炷香	3 炷香

066、佛教如何正確燒香？

佛教的敬香分成三種「燒香、塗香、末香」。

燒香就是燃燒香以此供佛，塗香是將香料塗抹佛足，末香是將精緻細末的香灑在佛寺或壇場。

「香」是佛教供養儀式之一，佛教燒香是合掌點心香，或是只燒一炷香，本是供養、追思一種表達敬心與誠心的方式，千年來沒有改變。

都是直接用原材料，或者提取純天然香料製作，這些香其特點是氣味幽香，有益調柔身心、平靜安詳，有助修道練性。

○佛教燃香目的有三：

一、供養諸佛菩薩，祈願福慧增長。

二、淨化空氣，印度地屬熱帶，氣候炎熱，燒香消除體臭惡垢。

三、醒腦提神，不容易昏沉，調柔身體，助於精進用功。

在釋迦摩尼佛時代，正統佛教是不燒香的。傳到中國和道教混在一起，佛教的寺廟開始燒香，這個便是佛教所說的「方便法」。佛教為了救度眾生，必須依靠一些表象的東西來讓人們產生信念。

佛教透過表象的舉動（燒香），來淨化內在的念頭。所以，佛教燒香講求心誠而不講量多，若燒香時能夠內心澄明且產生足夠的恭敬心，合掌點心香便可幻化出功德無量。

067、道教如何正確燒香？

據文獻記載，至少西周時已有燒香的習俗了。敬香是道教最基本的敬神禮儀之一。道教「敬香」也稱上香，俗稱「燒香」。

用於敬神、敬天地、敬祖、敬聖賢。道教燒香常燒三炷香，燒三炷香代表尊教「三寶」，即「道、經、師」三寶。

第一皈依「無上道寶」；

第二皈依「無上經寶」；
第三皈依「無上師寶」。

○敬香步驟：

1、以立香三炷為準，皆用左手點香，點燃後若起明火，可左右擺之，不能用口吹滅。

2、面對神像，持香時左手在外，右手在內，持香雙手平舉至胸口，香頭至眉間相齊，行禮作揖。

3、然後用左手上香（插香），因為道教以左手為陽，左手為淨手，而右手操持百事，容易沾染汙穢。

4、上香時恭敬面對神像，默許祈願，然後行禮感謝。

○燒香意義：

(1) 祭祀祖先神靈。
(2) 供養三界諸神。

(3)入道之門。

(4)消災延壽。

(5)清心淨慾。

(6)召亡返魂。

(7)誠心祈福。

(8)積德行善。

(9)提高修行。

(10)修道成真。

真正的意義在於它是廣結善緣、積德行善、修道成真的一個途徑。故「九天之上，唯道獨尊，萬法之中，焚香為先」。

○燒香的祈福：

(1)招財旺財。

(2)事業官運。

(3)五方貴人。
(4)功名文昌。
(5)全家平安。
(6)健康平安。
(7)鎮宅化煞。
(8)行車平安。

此外道教在燒香時應帶上供品，一般以水果為主，數字以三、六、九為吉祥禮數。

068、燒香常聽會有發爐，代表什麼意義？

在台灣常常聽見「發爐」，究竟「發爐」代表什麼，是好還是壞呢?有時候「發爐」是一個很正常的物理現象，如果一個香爐內的香插得太密集，就很容易產生「發爐」，所以在香火鼎盛的大廟，都會有專門的義工負責整理香爐，每隔20分鐘到半小時就要將香爐內的香腳取下。

在民間信仰中，香被看作與神明、祖先溝通的媒介。當我們拿香拜拜通常是單方面的，要獲得神明的回覆還必須透過擲筊、求籤等方式。

當神明「主動」有事告知，且是急事，就會經由「發爐」這個情況呈現。如果不急的話還會以「託夢」的形式，所以多數人在面對「發爐」這件事，大多會謹慎面對。

○在什麼情況下燒起來才算是「發爐」？

通常是香爐中的香並不多卻突然燃燒，而且並非由上往下燒，是從插在香灰內的香腳開始燃燒，就會被視為「發爐」。

在寺廟內「發爐」大多是好事，有時候是神明來巡視，或表達祂的開心之情況，但也可能神明真的有重要的大事要傳達。

而家中神明廳「發爐」通常是不太好的現象，家神與祖先大多是在家中出了問題，或是祖先有事想交代子孫辦理，才會採取「發爐」來示警，所以家中的香爐如果突然間「發爐」，要趕快請示祖先與家神是哪裡出了問題，處理上要越快越好。

069、發爐在科學角度、傳說角度為何？

時代進步，「發爐」這種事，自然可以用科學來解釋，但為什麼先人在面對「發爐」時都會謹慎面對，其中必然是有因素的。

○面對「發爐」常有以下幾種狀況：

1. 香腳太多，而且多用化學香，才會延燒到香腳產生假發爐現象。
2. 插香太密集，而且香腳沒有固定（初一、十五）清理，造成共燃現象。
3. 香蘆內亂置放物品，如平安符、掛香回來的紙令、福祿壽等象徵物品。

○當下該怎處理？繼續然燒？將其熄滅？

1. 有引起火災的危險，應當馬上先把香爐請下來清理，再上香稟報與祈求。
2. 有延燒的現象，可先稟報與祈求，再把香腳抽起來放置金爐，待初一、十五或敬神日時，要燒紙錢時再一併化掉。

3.只是表面插香的位置太過密集，只須稟報後，把燃香抽出再敬上一份清香即可。

◯香爐發爐的預兆：

1.使用的香品不當，一般來說，使用天然香才是正確的上香材質。

2.有時候房間太過乾燥。

3.香爐沒及時清理。

◯上好香（天然香）主要表達：

1.向佛菩薩、神明問好。

2.用香氣淨化環境，燻去自己身上所帶的世俗惡味。

3.廣度眾生，燃燒自己利益眾生。

070、宮廟的符、香灰會有用嗎？

【情境詮釋】

常常會聽到某人的阿嬤是個非常虔誠的信徒，常常去廟裡求神問事，一去就是很久，而且大小事都會去擲筊（搏杯）問神，比如說連家裡什麼物品要？買哪個品牌、哪款車子？

都會一個一個去擲筊（博杯）問神明。當有一天，出生沒多久的寶寶，整夜哭不停……這位阿嬤知道了，為了要孫子平安健康，特地去地方上有名的廟裡，祈求菩薩神明保佑，拿了一些香灰要給寶寶抹肚子上，這位婆婆很好心的叮嚀說，求了很久的，神明說一定要這樣保平安喔！

【科學角度】

廟裡拿回來一些符，燒化在水裡後，讓寶寶洗澡，也會解決受驚、整夜哭不停。

嬰幼兒到底能不能吃香灰？或喝香灰水？或用香灰水洗澡？或用符令水洗澡呢？因為現在的香的成份可能不是很天然，裡面添加了太多化學藥品及香料，燃燒後的香灰也一定會有問題！

至於符令通常都是用硃砂去寫的，而硃砂裡含汞會對小孩的神經發育有影響！

面對這種民俗療法「吃香灰治百病、符令洗澡化煞」，千萬不要去嘗試，改掉這種舊時代的傳統習慣。

【香灰最好用的功能】

便是庇佑、保平安，因此，最簡易的方法是將香灰裝在紅包袋內，或是自己準備的乾淨小袋子，隨身攜帶便是最好的護身符。

許多廟宇都會定期清理香爐，並將清出的香灰整理後放在廟裡供信眾自行取用，看似毫無用處的香灰，其實存在許多妙用，且幾乎都是古人流傳下來的智慧，而這些智慧早就內化在我們從小到大的生活中。古時候因為醫療資源和技術不發達，香灰便成了他們治病的解方，甚至連外傷的小傷口、擦傷、破皮等，都會用香灰止血，這是因為有些天然香粉成份有：細梗香草、大黃、米蘭、靈香草、甘松、丁香及肉桂等，可以有相當的效果。

○有些信眾會定期到廟裡求取香灰：

1. 回到家後將香灰灑在家內各處，可以淨化家中磁場。
2. 灑在門前，也能避免一些惡靈跟進家中。
3. 擴大範圍，在屋宅外的四周灑上香灰做為結界，不讓惡靈朋友靠近家宅。

當然，香灰最基本的功能便是庇佑、保平安，因此，最簡易的方法是將香灰裝在紅包袋內，當成最好的護身符。香灰妙用無窮，值得我們好好珍惜與使用。

符令及廟裡的香灰

小貼士：正廟佛寺或是香火鼎盛大廟取回來的香灰才有用。

家中佛菩薩的香灰

香灰裝進紅袋內，平安妙用

【神明角色扮演】

神明界有十境界，菩薩界則分五十二位階，各司其職為人們祈福與自身持續累積功德，然而神明、菩薩的工作職掌如何區分？人們要如何拜法，才能祈求神明、菩薩的保佑與護持？道教神明、佛教菩薩的身分是可以重疊或是互換嗎？人間的問題，要拜哪尊神明或哪位菩薩才對？

神明也會角色扮演？不同地點的觀音，是否是同一尊？傳統拜法為何？

現代簡約的拜法為何？效果為何？為何神明也能接受！神明如何提高自己位階？家裡有安奉神明，可以不上香嗎？臨時出遠門怎麼辦？

彌勒佛、騎龍觀音、藥師佛

071、神明界如何分工與職掌？

一、彙整道教十境界：

1、無極界　2、太極界　3、三清四聖　4、玉皇四相
5、雷部　6、太歲　7、後天真仙　8、功國神靈
9、社稷地祇　10、行業神

二、道教統領各界天：

三清：道教天有三十六天，最高之大羅天、三清天是指三十二天。

三皇：是指三位天、地、人皇帝，是「天皇－伏羲」、「地皇－神農」、「人皇－軒轅」。

三官：是指三官大帝，又稱三界公。

天官大帝：為「上元天官－堯帝」掌管賜福，生日正月十五日：稱上元節，

地官大帝：為「中元地官－舜帝」掌管赦罪，生日七月十五日：稱中元節，

水官大帝：為「下元水官—禹帝」掌管解厄，生日十月十五日：稱下元節。

三、道教敬稱大致分：

道教之男神：稱天尊、上帝、大帝、帝君、真君。

道教之女神：稱元君、娘娘、母、后、妃、夫人。

道教之護法神：稱靈官、天君或元帥、將軍。

瘟部神或保境神：稱王爺、千歲。

四、道教統御位階：

道教最高位階：太上老君，為道德天尊，形成「三清尊神」為最高信仰。

道教最高之神：三清天尊，是道教的三寶「道、經、師」。

道精，元始天尊：玉清道祖。

經氣，靈寶天尊：上清道祖。

師神，道德天尊：太清道祖，合稱「三清道祖」。

道教權位最高的男神：玉皇大帝簡稱玉帝，就是民間常常講到的天公伯，又稱天公，萬天之主，諸神明中權威最大者，大都只管神界、廟務、神仙大事。是諸天之帝、仙真之王、聖尊之主，三界萬神的最高神。有制命九天階級、徵召四海五嶽之神的權力，在道教的神仙譜中，位處三清之下，萬神都列班隨侍其左右，猶如人世間的皇帝。

道教權位最高的女神：斗姥元君，又稱道母、斗姆，六十甲子元辰星君，歸斗姥所管。

道教男仙之首：東王木公。

道教女仙之首：西王金母。

道教四極大帝：天皇大帝、長生大帝、紫微大帝、青華大帝。

天皇大帝，即天皇老子，掌管天、地、人和人間兵革及眾神。

長生大帝，即南極仙翁，統天元聖天尊，是萬靈之主。

紫微大帝，即萬星之主，統領諸天星辰和禍福及天經地緯、四時氣候。

青華大帝，即太乙救苦天尊，是萬類之主，掌管救苦救難度亡之神。

道教四聖真君：道教護法衛道的四位大神，又稱四聖大元帥。

道教五老帝君：掌管天地五行（木、火、土、金、水）和人身之精神魂魄。

道教后土皇祇：萬地之主又稱地母，和玉皇並稱「天公地母、皇天后土」。

五、道教常見神明：

1. 土地公

又稱福德正神，是社稷的社神，亦即土地之神，是台灣民眾、商人、農民最信仰之神，在台灣的宗教信仰中，土地公的廟祠可算是最多的，所謂「田頭田尾土地公」。

2. 關聖帝君

又稱關聖大帝、武聖君、帝君爺、伏魔大帝、文衡聖君等，指是關羽，是勇武之神，被商家尊為黑白兩道的商業守護神、伏魔之神。在佛教尊稱為「伽藍護法」；道教尊稱為「協天大帝」；在儒教尊稱為「文昌神」之一，而有「文衡聖君」尊稱的關公、關老爺。

3. 王爺

台灣所稱王爺，數目相當多，要瞭解每一位王爺的真相與來歷，是相當困難。現在安奉祭拜的王爺都是屬於「靈魂轉任」的神，王爺是人魂，是幽魂，也是「特別好的靈魂」來轉任王爺，每一位王爺都擁有不同的姓氏，亦稱千歲（皇帝被尊為萬歲；王爺地位僅次於皇帝，被稱為千歲）、府千歲、代天巡狩等。

4. 城隍爺

城隍爺是城市的保護神，城是城牆，隍是指沒有水的護城壕。本來是祭護城溝渠的水府神，轉任為城市的守護神，後轉為支配陰間、掌管陰陽兩界的司法行政事務。

5. 太子爺

別名三太子、李哪吒、哪吒元帥、中檀元帥、李羅車太子（台語）等，是玉皇上帝駕前的大將，亦稱大羅仙，七歲成仙，具有強大法力。

6. 觀音菩薩

又稱大悲菩薩，觀音佛祖是佛教慈悲的權化，在道教稱觀音娘娘、觀音媽、佛祖媽、南海觀世音、白衣大士、大慈大悲觀世音……等。觀音是法號，菩薩是指修道的佛教徒，而佛祖是道教對佛教神明的最高稱呼。

7. 媽祖

又稱天上聖母、媽祖婆，俗名林默娘，傳說默娘自幼聰明過人，具有佛性。十三歲時，有一位老道士到默娘家，授予玄妙祕法。十六歲時有了神通，可以斬妖除魔。媽祖二十八歲的時後，她的父親出海補魚遇到船難，媽祖為了救她父親而喪生，死後升天得道，更成為航海人的守護神。

六、道教神明職掌：十八位大家熟悉及常祭拜的神明

↓**健康**：王母娘娘。　↓**救苦**：觀音佛祖。

↓**平安**：土地公。　↓**求財**：五路財神。

↓**娛樂**：田都元帥。　↓**驅邪**：太子爺。

↓**除煞**：順天聖母。　↓**航海**：天上聖母。

↓**司法**：城隍爺。　↓**考試**：文昌帝君。

↓**務農**：神農大帝。

↓**商業**：關聖帝君。

↓**續命**：東嶽大帝。

↓**求子**：註生娘娘。

↓**工務**：巧聖先師。

↓**醫療**：保生大帝。

↓**姻緣**：月下老人。

↓**領旨**：三清道祖。

三清道祖，為道教最高信仰之神尊

072、菩薩界的稱呼與職掌為何？

一、佛教的創立緣由：

在2565年前（西元前6世紀以前）的初期佛教，由古印度王子（悉達多•喬達摩）所創，修行期間在菩提樹下，以人身自悟道果，通達四聖諦（苦集滅道），緣起而涅槃成佛。

因家族為釋迦族，成道之後被尊稱為「釋迦牟尼佛」，其釋迦是「仁慈」的意思，牟尼是「清淨」的意思，佛是「覺悟」的意思。釋迦牟尼佛是北印度人，就是現在的尼泊爾，它在印度的北方，西藏的南方。

二、佛教的聖者稱呼：

佛：由「佛陀」簡化稱之，就是在「智慧」和「慈悲」兩方面都圓滿的人。

菩薩：也是由「菩提薩埵」被簡化的，是「覺悟」的意思，一個有生命的存在，是一種有感受、有情緒的意思，又稱為「覺有情」。

辟支佛：是指憑藉自身累世的智慧，因「十二因緣」而覺悟人生真理的，了悟緣起道理而覺悟，不再輪迴的聖者，又稱為「緣覺」。

阿羅漢：聽了佛陀說法的音聲，因「四聖諦」修行而悟道的，證得了阿羅漢果，又稱為「聲聞」。

↓十二因緣：

1. 無明、2. 行、3. 識、4. 名色、5. 六入、6. 觸、7. 受、8. 愛、9. 取、10. 有、11. 生、12. 老死。

↓四聖諦：

苦諦、集諦、滅諦和道諦，是釋迦牟尼佛之基本教法。

三、佛教的職掌介紹：

四大菩薩：是佛教信仰中，四尊菩薩的組合，為「觀音、文殊、普賢、地藏」菩薩。

觀音菩薩：以「慈悲」聞名，而稱 大悲—觀音菩薩，手持佛珠、淨瓶。

文殊菩薩：以「智慧」聞名，而稱大智—文殊菩薩，手持慧劍，騎乘青牙祥獅。

普賢菩薩：以「德行」聞名，而稱大行—普賢菩薩，手持蓮花，坐騎六牙白象。

地藏菩薩：以「願力」聞名，而稱大願—地藏菩薩。手持法杖、摩尼寶珠。

華嚴三聖：釋迦牟尼佛、文殊菩薩（左脅侍）、普賢菩薩（右脅侍），並稱為華嚴三聖。

西方三聖：阿彌陀佛、觀音菩薩（左脅侍）、大勢至菩薩（右脅侍），並稱為西方三聖。

娑婆三聖：釋迦牟尼佛、觀音菩薩（左脅侍）、地藏菩薩（右脅侍），並稱為娑婆三聖。

三身佛：清淨法身佛（毗盧遮那佛）、
圓滿報身佛（盧舍那佛）、
應身佛（釋迦牟尼佛）。

三世佛：過去—燃燈佛、現在—釋迦牟尼佛、未來—彌勒佛。

三寶佛：中央—釋迦牟尼佛（娑婆世界的教主）、

左邊—阿彌陀佛（西方極樂世界的教主）、

右邊—藥師佛（東方琉璃世界的教主）。

↓**藥師佛**：為生者祈福消災的為主。

↓**阿彌陀佛**：為亡者超渡的為主。

四、佛教之佛、菩薩的職掌：

↓**清淨仁慈**：釋迦牟尼佛。　↓**祈福消災**：藥師佛。

↓**超渡亡者**：阿彌陀佛。　↓**祈求智慧**：文殊菩薩。

↓**聞聲救苦**：觀音菩薩。　↓**求執行力**：普賢菩薩。

↓**勇氣自信**：大勢至菩薩。　↓**引渡淨土**：地藏菩薩。

↓**息災降伏**：千手觀音菩薩。　↓**求財喜樂**：彌勒佛。

千手觀音菩薩

彌勒佛

寶瓶觀音

073、現代祈求願望拜法？及求籤問事方法？

當到寺廟裡拜拜時，走到神明面前，應該怎麼跟神明、佛菩薩說話呢？不論是要祈求風調雨順或是身體健康，有些基本的「敬語」是一定要講的，否則就只是自己講給自己聽，跟自己的心裡在對話。

所求，要如何講？要如何表達？所祈求之事才會被神明、佛菩薩所聽到。除了向神明、佛菩薩祈求平安順遂之外，心中如果有疑惑都必須「清楚明白」地讓神明、佛菩薩知道並瞭解。

台灣並不是每一間廟都有神明乩身來聆聽你的祈求與疑惑，就算有，神明也不是隨傳隨到，因此與神明溝通最常見的就是「求籤、擲杯」。無論是祈求平安、健康、考試順利、工作順暢、求財、婚姻、求子、糾紛平息……等，使用祈求、擲杯、求籤的基本步驟，一點都不可馬虎及過於草率！

一、現代祈求願望的方式：

1、先跟神明、佛菩薩打招呼

首先，到神明、佛菩薩面前，一定要先請安問候，尊敬地稱呼「神尊名號」或「佛菩薩尊號」，讓神明、佛菩薩知道並聽到「你來祈求了」！

例如：

關聖帝君 您好！我是〇〇〇，來自台北市〇〇〇〇〇〇，今天有事向您祈求！

觀音菩薩 您好！我是〇〇〇，來自新北市〇〇〇〇〇〇，今天有事請您幫忙！

2、再向神明、佛菩薩自我介紹

向神明、佛菩薩問候請安之後，就要開始自我介紹，跟神明、佛菩薩說明「自己的姓名、生肖、出生年月日、現在居住地址」，一定要簡單、詳細清楚，不可以像唸劇本一樣，拖泥帶水的落落長，最好是一分鐘內就完成自我介紹。

3、把祈求目標清楚明白訴說

再向神明、佛菩薩祈求訴說前，一定要先想清楚「祈求的問題？希望達到的目標？」例如：事業順利、事業穩定、考試順利、手術平安…等願望，務必要將「人、事、時、地、物」講得越詳細清楚越好，祈求內容及希望達到的目標，最好是三分鐘內就完成，講述清楚讓神明、佛菩薩能夠給予準確的保佑。

例如：

稟報　關聖帝君！我是○○○，來自新竹縣○○○○○○○，今天有一事○○○相求，希望能在10月份的月底，我的公司○○○的○○○部門，達成業績300萬的月份目標，我是銷售保險保單的業務，祈求您能助我達成業績願望，11月份數字顯示達標的話，必當回來這裡還願並向您達謝！

感恩　觀音菩薩！我是○○○，來自新北市○○○○○○○，今天有一事○○○請您幫忙，年底12月15日我要動一個開刀手術，地點在台北市○○○醫院○○○醫師的診間，祈求觀音菩薩您能幫助我手術順利並健康恢復，待明年我能下床行走時，回來向您回禮與道謝，感恩您的大慈大悲恩澤，幫助我度過難關，早日康復！

4、祈求時最好是小聲唸就好

跟神明、佛菩薩說話，其實是「心心相印」的互動，祈求內容及希望達到的目標，小聲唸給神明、佛菩薩一遍就行。有靈驗的神明、佛菩薩，不用唸太大聲，唸在嘴邊及小小聲，神明、佛菩薩就能接收到訊息與祈求願望。

除非在祈求與訴說願望時，現場很吵雜，或是有多人同時在許願及祈求，那就請暫停訴說心願，等大家離開後，安靜的時候再慢慢訴說及告知願望、目標。

5、上香祈求的數量及時機

在台灣的民間信仰中，到寺廟裡拜拜，一定要燒香、準備供品，才是誠心誠意的表現，其實不然，常言道，好的神明、佛菩薩是「不食人間煙火」的，不一定要準備供品、紙錢、山珍海味，只要懷有一顆感恩及虔誠的心，神明、佛菩薩就會感應你的真心。

上香的時機，有3個情境：

(1) 重大事情要祈求、稟報時：3炷香。

(2) 還願道謝時，說明願望達成：1炷香。

(3) 平時拜拜，問候神明、佛菩薩時：合掌，點心香。

二、求籤問事的方式：

1、先點香後依次敬拜神明

到廟裡拜拜的順序，依前到後、左到右、下到上順序，大多是「天公爐→主神尊→其他神尊→土地公→虎爺→五路財神→六十甲子元辰殿」。如果該廟宇有特別的敬拜順序，通常在點香處會有公告，若真的不清楚就請問廟公、廟祝、服務人員、志工。

上香稟報之時機，有3個情境

(1)希望天公做主，願望達成：天公爐1炷香。

(2)重大事情要祈求、稟報時：主神3炷香，訴說你的祈求及願望。

(3)其他神尊，問候神明、佛菩薩時：合掌，點心香。

進廟只拜個平安之時機，有3個情境

(1)只是進廟，問候平安吉祥：主神，合掌，點心香。

(2)感恩天公作主，平安吉祥：天公爐，合掌，點心香。

(3)其他神尊，問候神明、佛菩薩時：合掌，點心香。

特別要祈求心願之時機，例如向文昌帝君祈求考試順利，需要放上准考證！

(1)只是進廟，問候平安吉祥：主神，合掌，點心香。

(2)感恩天公做主，願望達成：天公爐1炷香。

(3)直接走向文昌帝君上香：文昌帝君3炷香，訴說你的祈求及願望。

(4)其他神尊，問候神明、佛菩薩時：合掌，點心香。

2、向神明稟告疑惑與請神明指點迷津

通常求籤是向廟中的主神求籤，可以敬拜完天公爐後，接著敬拜主神時，就直接向神明、佛菩薩稟告來意（心中的疑惑、求籤的請求）。一樣務必要將「人、事、時、地、物」講得越詳細清楚越好，祈求內容及希望求籤給予指點迷津，接著要再給神明、佛菩薩一些時間查詢來龍去脈，時間大約十五分（一刻鐘）左右，大約是要等香燒到三分之一左右。

3、進行博杯詢問神明是否可以賜籤詩

先合掌向主神尊告知，我要進行搏杯的方式來確認，可以去籤筒求籤了嗎？將一正一反的筊杯，穩穩地平放在手心上，大約高度是腰部的位置，轉三圈之後輕輕擲出「筊杯」，當主神尊已經確認可以賜籤時，就會出現「聖筊、聖杯」，就代表可以去進行求籤了。

4、求籤之聖筊次數確認

一般來說，聖筊應該要幾次才正確？其實只要「一聖筊」就可以。

5、進行抽籤後再擲筊確認

抽到竹籤後，先記得籤上的數字，拿著竹籤去主神尊面前，跟神明確認，「請問是○○號籤詩嗎？」然後輕輕擲出「筊杯」，讓主神尊確認一下是否是這一支籤詩號碼，當有出現「聖筊、聖杯」時，就代表可以去籤詩櫃拿「籤詩」；反之沒有聖筊，就重複抽籤，再擲出「筊杯」，讓主神尊再確認，直到有擲出聖筊為止。

如果擲出「筊杯」，讓主神尊確認，都是「笑杯、無杯」時，就再重抽籤並擲出「筊杯」，只要連續七次都沒有聖杯時，代表神明還在思考該如何提示、回覆你。也就是告訴你「今日不適合回答你問的疑惑？」就下次擇日再來請示神明。

6、確定籤詩可以請示廟祝

一般廟內都會有專業的解籤人員，如果沒有，也會有幾本白話籤詩解說本。最好請廟公、廟祝解釋這張籤詩的內容，因為廟公一定有辦法瞭解神明給的籤詩是什麼意思，某些特殊情況下也許還需要祭改、特別處理，詢問廟方服務人員是最快的方法。

7、感謝神明指示並許願

當主神尊給了明確的指示後，可以再一次向神明誠心道謝，小聲訴說「弟子〇〇〇會按照神明指示行事，問題解決、度過難關後，會再到寺廟中來還願」。

筊杯，恭敬放在佛桌上，要一正一反的擺放

074、道教神明、佛教菩薩也都有分身嗎？

世上的神明、佛菩薩，本身就是一個「靈」，是前世為人的時候，非常有善心、有愛心、能包容、善於聆聽的大善人，尚未往生之前就已有修行，當這位大善人臨終之時，會先到地府接受審判，功過賞罰之後便會開始分發，看是繼續留在地府受罪勞役，還是投胎轉世，或是到天上當天神，也有可能等待時機，再分發到各佛寺、各宮廟進行神像的降靈，將靈體附身在神尊神像內，聆聽人們的心聲、祈求、願望，然後協助實現願望、改善問題。

當你生前是信奉哪種宗教而定，信奉道教的大善人，轉世附靈時機成熟時，就會降靈到宮廟成為道教神尊的神明，例如：城隍爺、土地公、觀音佛祖、關聖帝君、太子爺、媽祖、護法神將…等等，為人祈福、接受祈求、實現願望；而當你生前是信奉佛教的大善人，轉世附靈時機成熟時，就會降靈到佛寺的佛像內，成為佛教的佛或菩薩或是金剛護法，例如：觀音菩薩、彌勒佛、文殊菩薩、普賢菩薩、大勢至菩薩、地藏菩薩、四大金剛護法、伽藍將軍、韋馱將軍……等等，為人消災、祈福解厄、接受祈求、傾聽心聲、實現願望，然後協助信眾實現祈求、改善問題。

所以，供奉於家中的家神，本身也是一個「靈」，由天上分發到你家的神像內，接受你的供養、祭拜、傾聽心聲、接受祈求，然後協助家人能實現祈求、實現願望、改善家運。

目前我們看到這麼多宮廟、佛寺，有著這麼多道教的「土地公、觀音佛祖、關聖帝君、太子爺……等等」，還有這麼多佛教的「地藏菩薩、彌勒佛、文殊菩薩、普賢菩薩、四大金剛護法……等等」，這些都是分身、賢靈、善靈所降靈附身在神像內，進行角色扮演，然後傾聽人們心聲、接受人們祈求，進而協助實現願望。

觀音佛祖，佛道兩界

南無一切一切頂禮佛，佛藏兩界

075、神明、菩薩如何提高自己位階？

我們知道道教的位階可分十個境界，分別是「無極界、太極界、三清四聖、玉皇四相、雷部、太歲、後天真仙、功國神靈、社稷地祇、行業神」這十個領域位階；而佛教的領域可分菩薩五十二個階位，分別是「十信位、十住位、十行位、十迴向位、十地、無明、等覺」這五十二個領域階位。

目前大家都應該知道，每一位附身在神像的神明、佛、菩薩，都只有一個「靈」，是前世累月累日有精進修行的「善靈」，當他們往生後，除了因為相欠債而需要投胎轉世為人，還清前世的恩情債、姻緣債、夫妻債、養育債……等等，當地府審判完可以上天堂之後，還是會依照願力的大小、業力的多寡、福報的深淺而需要分發到人間，附身為神靈、佛靈，為人們祈福、解決問題、聆聽願望、協助實現。

這就像是一份上天賦予的神職工作，前世的靈很喜歡到處跑來跑去，就任命你的神職為「三太子」；前世的靈很喜歡主持正義，就任命你的神職為「關聖帝君」；前世的靈很喜歡撮合姻緣，就任命你的神職為「月下老人」；前世的靈很有善心常常伸出援手助人，就任命你的神職為「觀音佛祖」；前世的靈很喜歡管閒事、東幫幫西幫幫，就任命你的神職為「土地宮」；前世的靈是老師，喜歡教導學生，就任命你的神職為「文昌星君」，以此類推，這是道教相關的神職工作。

而佛教相關的神職工作，比較嚴格，因為佛寺沒有宮廟那麼多。降靈在佛寺的佛像內需求沒有那麼廣，大部分會降靈到家宅中當家佛、家菩薩比較多，前世的佛靈很喜歡清淨與修行，就任命你的神職為「觀音菩薩」；前世的靈很喜歡存錢、聚財、笑口常開，就任命你的神職為「彌勒佛」；前世的靈很喜歡執行力、使命必達，就任命你的神職為「普賢菩薩」；前世的靈很喜歡發奮讀書、勇往精進，就任命你的神職為「文殊菩薩」；前世的靈很孝順、悲天憫人，就任命你的神職為「地藏菩薩」；前世的靈很懂醫術、施藥救人、幫助健康，就任命你的神職為「藥師佛」，會依照前世願力、累世因緣、擅長領域，而指派當成何種神職與工作，以此類推，這是佛教相關的神職工作。

供奉於家中的「家神、家佛、家菩薩」會有從祖廟分靈過來的善靈，也會有從上天直接指派分靈過來的善靈，會與家中人員一同修行，得到家神、家佛、家菩薩的庇護、庇佑家人們平安。

若家人們有所願望，或是向家神、家佛、家菩薩祈求目標，善靈傾聽之後，能夠幫助家人達成願望、目標，當家人們努力付出、辛勤耕耘並收穫滿滿的同時，會「上香感謝」家神、家佛、家菩薩，其實也正是將「願望、祈求、感應、實現」與家中人們共同努力、達成階段性的任務目標後，不只是家人們「更上一層樓」，也幫助家神、家佛、家菩薩的「靈力」更上一階。

那神明、菩薩如何提高自己位階，就是每當人們向附身在神像的「善靈」，祈求問題後，經過一段時間的努力，得到解決與改善，會回到佛寺、宮廟還願答謝，這位「善靈」就會累積一個積分，解決問題多了，自然就會累積很多的積分，積分變高了，「善靈」的靈力自然會提升，神格也會跟著提升，例如：原本是「三太子」積分變高了，升格到別間宮廟轉任「關聖帝君」；原本是「土地公」積分變高了，升格到別間宮廟轉任「城隍爺」；原本是「地藏菩薩」積分變高了，升格到別間佛寺轉任「阿彌陀佛」。

如果家神有定期回祖廟進香的習慣，那麼在每年進香時，祖廟的大神就會檢視家神和家人間的契合度，決定要不要換靈，並不是每次都會換靈。

另外家神的善靈，如果不是來自祖廟的靈體，就必須每年12月24日清囤時，回上天覆命，報告這一整年來的問題改善、和家人間的契合度，上天也會審查與登記，於12

月26日接神時，是否調任新的善靈來接任家神，或是原來的善靈會繼續回到這個家庭，一起修行、一起為家人祈福。其實，供奉家神並非是單向的施與受，神明與家人間是共同修行、共同努力達成目標，一同累積福德，互相成就彼此的福報、善緣、因果關係。

眾神明、神尊都是善靈的化身，為人間祈福

076、菩薩界的五十二個階位？

十位心：信心、念心、精進心、慧心、定心、不退心、迴向心、護法心、戒心、願心。

十位住：發心住、治地心住、修行心住、生貴心住、方便俱足心住、正心住、不退心住、童真心住、法王子心住、灌頂心住。

十位行：歡喜心行、饒益心行、無瞋恨心行、無盡心行、離癡亂心行、善現心行、無著心行、尊重心行、善法心行、真實心行。

十迴向心：救護一切眾生離眾生相迴向心、不壞迴向心、等一切佛迴向心、至一切處迴向心、無盡功德藏迴向心、隨順平等善根迴向心、隨順等觀一切眾生迴向心、如相迴向心、無縛解脫迴向心、法界無量迴向心。

十位地：歡喜地、離垢地、發光地、焰慧地、難勝地、現前地、遠行地、不動地、善慧地、法雲地。

二究竟成佛：破除一分無明、達到等覺階位。

077、家裡有安奉神明，可以不上香嗎？出遠門怎麼辦？

菩薩界需要一階一階的提升

家裡供奉的神明，如果是來自祖廟的善靈，除了每年進香時，需要回到祖廟覆命並檢視一整年的香火是否延續？香火是否鼎盛？解決改善的問題數量？家人平安程度？平時的每一天，家人還是得向家神「上香、換茶水及請安問候」，家神才能天天受到香煙的薰陶，維持應有的靈力，才有精氣神來聆聽家人的心聲、願望、祈求，進而協助改善及提升家運。

如果，家裡供奉的神明，不是來自祖廟的善靈，是由上天指派來的靈體，就必須12月24日清囤後，回到上天覆命；12月26日接神時，返回家中繼續當家神了。所以，平時的每一天，家人們還是得向家神「上香、換茶水及請安問候」，家神才能每天接受家人的問候及香火的薰陶，繼續維持並累積應有的靈力，才有精氣神來接收、聆聽家人的問題、心願、祈求事項，進而協助家人們一起改善問題並提升家中運勢。

假若沒有天天上香，家裡供奉的神明、家佛、家菩薩，經過一段時間沒有香火的薰陶，靈力就會減弱、聽不清楚家人的心聲，自然就無心留在這個家庭，有可能會「返回祖廟」或是「返回上天」，最後會讓家中的神像變成空殼神像，住進無形的靈界朋友、邪靈、其他未知的靈界動物靈，容易讓家中的家運衰退、家人精神異常、工作事業走下坡，不得不謹慎。

所以，家中有供奉神明、家佛、家菩薩，請你務必「天天上香」，早晚一炷香、「天天換茶水」早上更換一次、「天天請安問候」說一聲我出門囉！我回來囉！今天公司幫我加薪囉！分享每天的點點滴滴，讓神明、家佛、家菩薩知道你的動態，比較可以隨時保護你或是保佑你出入平安。

最後再分享，如果要出遠門，無法天天上香時，只要前一天或當天的上午，上香的時候，向家神、家佛、家菩薩說一聲：「我要出差或是旅行5～6天，無法天天上香、換茶、請安！」如此家神會體諒的，會知道你的動態並保護你出遠門的期間一切平安平順。

家裡供奉的神明，一定要天天上香、換茶、請安

【拜拜意義為何】

到廟中拜拜是一件很平常的事，初一、十五要拜？還有初二、十六也要拜？當生活不順遂也要拜？到底要如何拜才能有正向能量？到廟中拜拜、在家裡拜拜有哪些規矩是我們不知道的？

初一、十五拜拜與初二、十六拜拜有什麼不同？分享拜拜的好處？要如何拜才能有正向能量？神明才能開心？拜鳳梨、水果有分好兄弟或是神明嗎？

廟中拜拜和家裡拜拜規矩不一樣

078、哪些是我們常見的拜拜節日？拜拜的好處？

對現在的年輕人來說，已經越來越少人知道正確的拜拜方法、拜拜的好處在哪裡？我們常的祭拜節日（過年、天公生、元宵、土地公生、清明、端午、中元、中秋、重陽、尾牙……等等），每個節日的拜拜意義及好處，如下分享：

一、過新年：

＊初一　農曆1／1

新年第一天，早起上香向家中神明、祖先問好，說新年快樂！新年好運當頭、好彩頭，也可以到廟裡上香，沾滿一整年的好彩頭運。

＊初四　農曆1／4：迎財神

初四是接財神日，接神時間大多在傍晚11點進行，準備喜糖餅乾、泡壺熱茶及五個小杯子，來迎接五路財神！可以準備家中的聚寶盆擺上供桌，沾滿一整年的財神旺運。

＊．初五　農曆1／5：開市

農曆春節假期後，大多選在初五開市，祈求財神爺保佑生意興隆！開工拜拜的水果可用鳳梨，代表旺來之意；橘子則有大發利市的象徵，沾滿一整年的工作旺運。

二、天公生：

＊初九　農曆　1／9：拜天公、玉皇上帝生日

農曆初九是玉皇上帝的生日，也就是「天公生」，從前一天1／8的子時起就開始有人祭拜。晚上十一點到凌晨一點就可以拜天公了，家中要準備五樣水果、發糕、壽桃、糖果、餅乾、茶水等簡單供品，最好都拜素的，沾滿一整年的吉祥護持運。

三、元宵節：

＊正月十五日　農曆　1／15：天官大帝生日

農曆一月十五是天官大帝的生日，可祈求天官賜福，元宵又叫做小過年，可以祭拜小湯圓及水果，沾滿一整年的福氣好運。

四、土地公生：

＊農曆 2／2：土地公生日

每個月農曆的初二、十六，都要做「牙」祭拜土地公。民間信仰記載，土地公是「2／2加升，封為福德正神，舉辦頭牙」；「農曆8／15得道升天，舉辦秋祭」；最後的「農曆12／16，舉辦尾牙」，感謝土地公這一年來的照顧與庇佑，土地公最喜歡吃甜，祭拜的甜食供品和糖果餅乾，能祈求一整年生意興隆、開運招財！沾滿一整年的財福喜氣。

＊農曆 2／19：觀音菩薩生日

每年觀音菩薩有3個喜慶的日子「農曆2／19是生日、農曆6／19是成道的日子、農曆9／19是出家的日子」。以大慈大悲為本願，救苦救難為目的，施與眾生快樂，才能離苦得樂！感受大慈大悲的愛，轉換成感恩惜福的柔軟心。

五、清明節：

＊農曆4／5

是一家團聚的重要時節，也是慎終追遠、表達孝思的節日，祭祀掃墓是虔敬、祈求的追思表現，最好是在上午完成掃墓祭祖的儀式，吃潤餅逐漸演變為清明節的習俗之一，能消退及改善不好的時運。

六、端午節：

＊農曆5／5

是仲夏登高，順陽在上，第一個午日登高順陽的旺運好日子，做六件事可以開好運。

賽龍舟：是端午節的重要習俗，緬懷屈原投江壯舉，龍舟競渡亦可以提升運動家精神。

掛艾草：代表招百福，插在門口可使家人身體健康，可驅病、防蚊、避邪。

吃粽子：也是端午節的一個傳統習俗；家家戶戶都要浸糯米、洗粽葉、包粽子。

午時水：以當天上午11點～13點在井裡、瀑布、湧泉或自家的水龍頭，裝起來的水稱之。

立雞蛋：只要能在端午節當天的正午時分，成功將雞蛋立起來，保佑來年一整年的鴻運當頭。

戴香包：用五色絲線纏成的，以碎布縫成的小香囊，內裝香料戴在胸前，香氣撲鼻，可以招桃花。

吉祥過端午節，以上任兩件事有進行，接下來的一整年將招福納財、鴻運當頭。

＊農曆6／11：田都元帥生日

從事藝術表演的演藝人員，都會受到田都元帥護佑，自然是要去向田都元帥祝壽；另外則是軍警、消防、保安人員，田都元帥也是軍警人員的守護神，因為田都元帥在殉國後，曾顯靈率領天兵天將救駕，被皇帝封了兩個軍銜！演藝人員準備簡單的供品到廟宇向田都元帥祝壽，能護佑未來平安順遂、演藝生涯飛黃騰達。

＊農曆 6／24：關聖帝君生日

關聖帝君原名關羽，與「文昌帝君、文魁星君、朱衣帝君、孚佑帝君」合稱「五文昌」。在三國時期和劉備、張飛桃園結義，雖兵敗被殺但卻不忘義，其正氣廣受儒教、佛教和道教民眾喜愛，只要誠心祭拜關老爺一定能獲得保佑，一整年將文武雙全、正氣罩滿全身。

七、中元節：

＊農曆 7／15：祭拜好兄弟、靈界朋友

現代的中元普渡會分為公眾普渡與私人普渡兩種，公眾普渡大多會由廟宇統一準備，而私人普渡多於公司、社區、自己住家內完成祭祀的儀式。中元普渡祭拜順序「普渡公、神明、祖先、地基主、好兄弟、靈界朋友，只要誠心祭拜，能庇佑一整年風調雨順、家境平安、家庭順遂。

＊農曆 7／30：地藏菩薩生日

地藏菩薩與「文殊、普賢、觀音」合稱「四大菩薩」。其心願為「地獄不空，誓不成佛」，在地藏菩薩生日這一天，我們可以吃方便素、抄寫佛經、誦唸經文、虔誠冥想、行善功德、遵守孝道，心存善念求好願，必能保佑一整年心境祥和、沒有煩惱、好願好報。

八、中秋節：

＊農曆8／15

中秋節因爲恰好在三秋的中間，所以稱之爲中秋，有祭拜神明、祖先、賞月、吃月餅、賞桂花、飲桂花酒、吃柚子等習俗。以月之團圓，爲寄託思念故鄉、思念親人之情，祈盼豐收、幸福，成爲豐富多彩的過節氣氛，月餅因為有圓圓的外型，而有「團圓」、「圓滿」的寓意。拜拜必能保佑一整年團圓滿足、豐收幸福、好運圓滿。

九、重陽節：

＊農曆9／9

重陽節被賦予了新的含意，傳統與現代巧妙地結合，成為尊老、敬老、愛老，是許多出外子女回家探望長輩的時候，為父母準備健康的養生飲食，或者為父母準備豬腳麵線，由於九是易經數字中最大的，「九九」和「久久」同音，有長長久久的含意，因此有長壽之說，希望能讓長輩老人們，可以長命百歲、健康長壽，拜拜祖先必能庇佑一整年好彩頭、節節高升、前途光明。

＊農曆 12／8：臘八節

臘八節是源自中國的一個傳統節日，又稱臘八，也就是臘月初八而得名，原意是祭祀祖先和神靈，能祈求豐收、吉祥和避邪，喝臘八粥的習俗，相傳這一天也是釋迦牟尼佛成道的日子，當天佛教也有盛大慶祝。當天祭拜祖先、禮拜釋迦牟尼佛必能一整年好兆頭、趨吉避凶、吉祥豐收。

十、拜尾牙：

＊農曆 12／16：拜土地公，尾牙

歲末年終，尾牙可說是一年中最後一次祭拜土地公的日子，尾牙也是公司年終的

聚餐活動，由老闆犒賞員工，感謝員工這年的辛勞付出；商家在尾牙當日祭拜土地公，除了祈求生意經營、錢財廣進，也會感恩土地公守護商家的生意發展，拜土地公必能保佑一整年生意經營、財運亨通、豐收滿滿。

＊農曆12／24：送神日

每年農曆12月24日是送神日，民間信仰要恭送「家中諸神」，尤其是「灶神」回天庭，因此這天要「送神、送灶神」拜拜，感謝眾神明、灶神一整年的辛勞，一般供品會準備甜食如發糕、湯圓，神桌上進行清囤、清潔佛桌、清理香爐、祖先牌位、佛像清理乾淨。進行祭拜、送神可以迎接新的好運勢、除舊佈新。

＊農曆12／26：接神日

這一天是家裡供佛的神明返回到人間的日子，也有朋友是大年初四才接神，可以在上午11點前準備糖果、糕餅及鳳梨、蘋果、橘子、香蕉等象徵平安吉祥的水果祭拜、迎接神明；接神日祭拜神明一炷清香即可，只要誠心誠意，也能召請眾神靈返回到人間。接神可以迎接新的好契機、正向能量、財源滾滾而來。

＊**農曆 12／29：小年夜，拜天公**

在小年夜拜天公，其實是要感謝天公、神明們一整年來的照顧，祭拜時間是在晚上11點，感恩天公、神明，可以凝聚一整年的新運勢、好的福氣、好的運氣。

＊**農曆 12／30：除夕**

除夕拜拜是許多人家中的大事，一般會在早上9點開始祭拜神明及下午祭拜祖先、地基主，從早上拜到下午，拜拜完成就可以圍爐吃團圓飯。團圓吃年菜，可以一家興旺、年年有餘、招財進寶。

079、初一、十五和初二、十六拜拜，有什麼區別？

在民間習俗上，不只春節、端午、中元、中秋、重陽等節日需要拜拜，每月的農曆初一、十五，或是初二、十六也都會需要祭祀拜拜。

民眾初一、十五拜拜，都免不了一句話：「今日要吃菜喔！」除了祭拜之外，還有可能會搭配吃素、唸經、禮佛的儀式，至於商家則多是選擇初二、十六做為每月祭拜的時間，據說能夠保佑財運亨通。到底為什麼初一、十五與初二、十六要拜拜呢？祭祀的對象又是誰？

一、初一、十五是拜什麼？

在佛教的禮儀上，每個月初一、十五都要吃素、唸經、禮佛，各大寺廟也會進行祈求平安的禮佛活動。而道教則是有的人在自家會供奉神明以及祖先，初一、十五會進行祭拜。

在古代，初一、十五是市集裡買賣交易的時間，大家約在這兩天到市集中以物易物，稱為「互市」，商人為了尊重當地的神，會在初一、十五祈求當天交易順利，所以會進行祭拜的儀式。

在現代，初一、十五要在門口擺一個桌子，想拜五路財神、土地公、天兵天將，以為這樣會讓生意好、事業順利；但是在門口擺一個桌子，拜的並不會是「五路財神、土地公、天兵天將」，因為神明並不會讓人們「招之即來、揮之即去」，相信在門口拜的，絕對不是神明，反而是引來一些靈界朋友、好兄弟、好姊妹。就算部分靈界朋友願意暫時幫忙，也不會長久，沒有一點好處，也都是很短暫的，拜久了必定會有後遺症，帶來不必要的麻煩。

二、初二、十六拜拜的意義？

在傳統上，每月兩次的祭拜活動稱之為「做牙」，相傳起因是古代戰爭時祭拜軍旗，求取「旗開得勝」，是為「牙祭」，後流傳至民間為商人效仿，因為初一休市，故商人會在初二、十六開市當天舉辦祭拜儀式。

另一傳說，源於古代買賣交易，古時候會在每月初一、十五進行雙方買賣，是為「互市」，商人會在互市後一天以肉類祭拜神明，祈求交易順利，也同時慰勞人員，稱為「互祭」。隨著時間流傳，「互」字逐漸訛寫成「牙」，因此「互祭」也成為了「牙祭」。

早期「頭牙」的日子會訂在農曆二月初二，也就是土地公的生日。而隨著演變，現在大多以每年最後一次祭拜活動，在農曆的十二月十六日稱之為「尾牙」，也就是每年最後一個做「牙」的日子。

所以，初二、十六拜拜，就是拜土地公，目的就是為了祈求「生意興隆、財源廣進、平安健康」，商家的生意能順順利利！

總結：初一、十五的拜拜，請到廟裡去拜，才能拜到「五路財神、土地公、天兵天將」，或者在家裡的佛堂、神桌前拜拜，才能拜到神明、菩薩、土地公；初二、十六的拜拜，是拜「土地公」，最好是拜家中神桌上的土地公，不然就是到福德正神廟來禮拜土地公，才是正確的拜拜方式。

初二、十六拜拜，是拜土地公的日子

080、民間習俗拜拜的好處為何？

民間習俗的拜拜，可分為「禮拜、祭拜」兩種，禮拜是指「拜神明、菩薩」；祭拜是指「拜祖先、靈界朋友、好兄弟」，以下說說拜拜的好處：

一、禮拜神明、菩薩：

1.正確拜拜，可以轉運、心想事成。
2.拜拜就像是增強自己的決心、信念、專注力，有願才有力。
3.當內心不安、心情不佳、心有罣礙時，透過拜拜可以安定心靈。
4.拜拜不是拿著香、躬個身就好，還可以培養出柔軟的心。
5.拜拜是最好的運動，幫助脊椎伸展與活動。
6.拜拜可以消除生理、心理障礙，找回徬徨無助的自己。

二、祭拜祖先、靈界朋友：

1.正確拜拜，可以幫助祖先離苦得樂。

2. 正確的祖先超渡，可以得到祖先庇蔭。
3. 報名法會、唸經迴向祖先和親人，讓祖先和親人得到圓滿的超薦功德。
4. 中元拜拜，可以讓靈界朋友溫飽，培養慈悲心的付出。
5. 中元節，祭拜三界公，可以消業障又補財庫。
6. 祭拜得宜，大事化小事、小事化無事，誠心懺悔，可以抵消因果業障。

禮拜、祭拜的儀式，可以不用拜三牲

081、要如何拜才能有正向能量？

①拜拜時的插香，別用慣用手，尊敬神明的好能量。

②拜拜點香時，點著了不能用嘴巴去吹熄它，尊敬上香的好能量。

③拜拜的香插入香爐時，插歪了或不正時，不要拔起重插，尊敬香爐的好能量。

④拜拜的杯筊擺放，要一正一反平放，不可合起來，也不可同向，尊敬陰陽的好能量。

⑤拜拜時，當女性朋友有月事時，在家裡不拿香，合掌代替；不進廟宇，尊重禮儀的好能量。

⑥拜拜時，不可以求明牌、求發財，只能保佑平安、平順、工作順利、健康順遂，以免落入貪財的負能量。

⑦到廟裡，沒事稟報時，可以用合掌點心香，或是如意掌恭敬神明菩薩。

沒事稟報時，如意掌恭敬神明菩薩

082、要如何拜才能讓神明、祖先開心？

一、道教拜神明、佛教拜佛與菩薩：

①**香品**：上香盡量減短香的長度、採用天然香品、環香及香粉也可以交互使用。

②**紙錢**：不燒紙錢，改用誦經、感恩、迴向、幫助弱勢族群，回到正常生活。

③**簡約**：神桌勿擺太多祈福物品，保持簡約，有燈、香爐、茶台、茶杯、聖筊就行。

④**素食**：現代神明，靈性越來越高，崇尚不殺生，拜拜盡量用素食、糖果、餅乾、甜湯。

⑤**寵物**：家裡的寵物貓、狗，請勿讓牠們跳上神桌，喝神明、菩薩供水，窩在神桌上睡覺。

二、道教徒的祖先、佛教徒的祖先：

①**不鋪張**：往生時，請勿鋪張浪費，簡單隆重的儀式，讓往生親人能安心去地府、投胎、升天。

②**不葷食**：百日、對年、合爐時，簡約隆重就好，多用誦經代替燒紙錢、素食代替葷食。

③**給功德**：清明與中元節，可以參加法會、誦經活動，迴向給祖先及往生親人，給予超薦功德。

④**不爭吵**：祭拜當天，家人不可以吵架、鬥嘴、計較，產生的負能量，會讓祖先無法庇蔭子孫。

⑤**不迷信**：當祭拜時，發現神主牌的字體掉漆，趕快補上；有發爐時，不用驚慌，調整好香爐的香腳適當位置，以及移除太擁擠的香腳數量。

083、拜拜有哪些水果？有分神明、祖先、好兄弟嗎？

現代家家戶戶，各有各的生活習慣，每個家族傳承下來的祭拜方式皆不一樣，大多數準備的供品與拜拜水果都差不多，不用遵循傳統風俗，分得太仔細，不用去區分神明、祖先、好兄弟的水果，最重要的還是心誠則靈，要有一顆虔誠的心，就會得到神明的保佑、祖先的庇佑、好兄弟的尊敬。

一、適合拜神明、祖先的水果：

奇異果：代表吉祥吉利、酸甜喜悅、血管變年輕、綠色正財正能量。

柑　橘：代表甘甜吉祥、大吉大利、年年如意、橘色充滿親和力。

水梨：代表水旺利財、豐收吉祥、清熱潤肺、土黃色腳踏實地。

柚子：代表帶子平安、潤肺助眠、排毒解便、綠黃色正偏財皆旺。

蘋果：代表平安富貴、吉祥喜氣、紅旺姻緣、紅色喜氣、綠色旺財。

柳丁：代表添丁添福、清腸防疫、抗炎聖品、金黃色偏財好福氣。

柿子：代表事事如意、軟柿子鐵漢心、甜脆爽口、橘紅色喜氣洋洋。

香瓜：代表子孫綿延、香甜美味、口感脆甜、淡青色文昌喜氣。

西瓜：代表頂呱呱、解暑止渴、紅色鴻運當頭、黃色吉祥富貴。

鳳梨：代表旺旺來、福旺財旺、助消化抗發炎、金鑽綠色富貴圓滿。

葡萄：代表多子多孫，讓祖先庇佑我們子孫滿堂，象徵綿延不斷的香火。

蘋果：代表平安富貴、鴻運當頭、喜事連連，象徵圓滿福氣的家運。

蓮霧：代表桃李滿天下、又名天桃，可愛討喜，象徵獻果獻福氣。

二、盡量避免在公司拜拜的水果：台語諧音「芭樂票、打翻之意」

芭樂：商家交易往來，最怕遇到芭樂票。

番茄：辛苦累積而來的好運會都給打翻了。

三、盡量避免在中元節拜拜的水果：台語會唸成「招、你、來」

香　蕉：台語招的意思（清明跟中元普渡少用）。

李　子：台語你的意思（清明跟中元普渡少用）。

梨　子：台語來的意思（清明跟中元普渡少用）。

我們常聽到民間習俗以敬備四果祭神，四果不是代表四樣水果，而是「四季所產的水果」，也就是拜拜時要選當季的時令水果，而且拜拜時的四果都必須以「單數」祭拜「1、3、5、7」的數量來準備。

民間習俗，拜拜以敬備當季的時令水果

第三章 煞氣化解

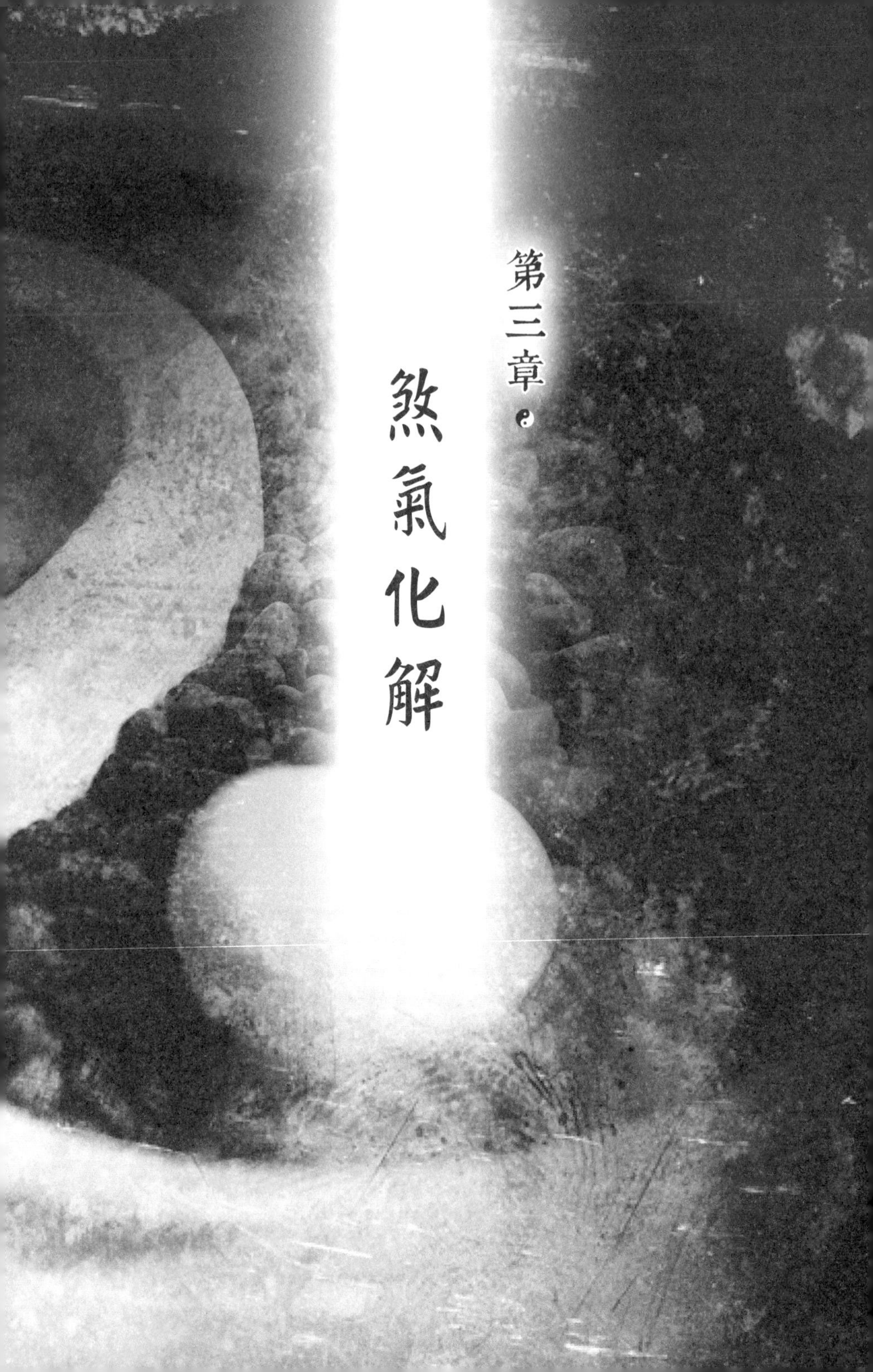

第三章‧煞氣化解

【告別式煞氣重】

現代化告別式是喪葬的一部分，也是親人們表達對往生者的思念，所舉行的告別儀式。參加告別式的親人、朋友們，應當如何保護自己，不會受到煞氣的影響。身上應該攜帶什麼樣的平安物，能夠免於煞氣的沾染。

為何告別式的煞氣很重？要如何化解？煞到的徵狀？如何預防煞到？現代人的防煞方式？應該如何做，才是簡單又平安！

除了傳統的喪禮告別式外，近幾年逐漸在海內外興起的生前告別式，透過舉行生前告別式，也讓世人意識到：關於死亡，其實可以更坦然。

制式化的喪禮流程，比較著重在習俗文化；而生前告別式，比起注重當事人的理念分享，許多人害怕參加這兩種告別式後，內心充滿了負面情緒，更害怕參加告別式後，被煞氣影響到個人、家庭、工作及朋友們，要如何保護自己？接下來跟讀者朋友分享。

參加告別式，準備香灰裝入紅包袋，避免煞到

084、參加告別式會容易被煞到嗎？

在風水概念中，有陽地、陰地的說法，人若是在陽地環境，就會比較愉悅舒暢，身體也不會感到不適；人若是處於陰地中，則會心情比較壓抑，甚至本身若是靈異體質者，就會容易有沾染上負能量、靈界朋友、好兄弟的疑慮，回來後甚至還會生一場病。

每個人都會經歷生、老、病、死，也參與過別人的「畢業典禮」，告別式既然是一種儀式，肯定會有一些禁忌要遵守，才不會那麼容易被煞到。

1. 配戴告別式的胸花

參加告別式的親人、朋友、賓客，一定要配合到場時，依工作人員的指示黏貼胸花，其實胸花的用意在於標示你是誰，有「保護參加者」的標示意義，讓喪禮過程不會受到靈界朋友、好兄弟的干擾。離開告別式會場後，記得拿下來，或是還給現場工作人員，千萬不要帶回家。

2. 簽名單上字跡應端正

通常會在告別式的入口處有簽名單、公祭單，必須填好職稱、單位、名字等資訊後，服務人員會轉交司儀，司儀再依照簽名單上的資料逐一唱名。必須注意的是，字跡應盡量端正、好辨認，如果因為信仰不便拿香祭拜，也可以在公祭單上註明「不拿香」。字跡潦草容易受靈界朋友、好兄弟的關注，不得不注意。

3. 白包奠儀要包單數

在喪禮的奠儀金，數字「成雙」不太吉利，所以奠儀金要包單數，例如：500、1100、1700、2100、3100等金額。由於不是喜事，白包沒有人在包多的，如果不收奠儀金的家屬還會加上100元，再用紅包袋回禮退給你。特別要記得，退禮給你或是拒收白包時，奠儀白包千萬不要再帶回家，在外面就要將白包內的金額取出，然後撕成兩半，就能化解沾染的煞氣，再丟在外面的垃圾桶內，不可以隨地亂丟。

4. 神情切勿慌張又急躁

在第一次參與告別式時，很多年輕人或睡過頭，匆匆忙忙地趕來告別式會場，可能會有緊張又慌張的神情，一定要在會場外面，先深呼吸並調整好心情，這樣才會顯得從容及莊重，當司儀邀請你家祭、公祭的上香時，也務必要放慢動作，不要急躁，否則會被靈界朋友、好兄弟盯上你喔！要用平常心且從容自在的神情，完成告別式儀式的所有程序。

5. 離開會場時不說「再見」

參加告別式時，在台灣傳統民俗觀念中，對亡者致哀結束後，離開告別式會場時千萬「不能回頭」道別喪家和賓客，也不能提到「再見」、「再會」等字眼，因為大家不希望下次在這樣的場合再次碰面。離去前可改以「揮手致意」，或者說「平安、謝謝」來代替「再見」這個說法。

所以說，參加告別式是否煞氣很重？這都是自己造成的呀！再分享一次五項遵守的禁忌，都乖乖地照做，就不會有被煞到的疑慮囉！

1. 要戴上告別式的胸花，胸花勿帶回家。
2. 簽名單上字跡應端正，字跡勿潦草。
3. 白包奠儀金要包單數，白包勿帶回家。

4. 到會場勿神情慌張又急躁，要從容自在。
5. 離開會場時不說「再見」，可說「平安、謝謝」。

085、有靈異體質的人，參加告別式該怎麼辦？

在告別式的喪禮儀式中，因為是往生者的場合，其氣場都會比較特殊，自然會吸引不少靈界朋友及好兄弟在附近徘徊駐留，因此去參加告別式喪禮的人，多會準備保護自己的「平安小物」，讓參加完告別式喪禮後，避免沾染到負能量及煞氣。

特別是當你的體質是靈異的，八字又是比較輕的朋友，下列幾個方式分享：

1. 戴上平安手鍊：

參加前在家戴上準備好的平安手鍊，最好是天珠、菩提子、天然礦石。

2. 戴上平安項鍊：

平時可以準備一串平安項鍊，最好是曬過太陽的項鍊，項鍊墜子是天然礦石、轉輪、經文圖騰。勿戴著佛像、生肖動物、水晶材質的項鍊墜子。

3. 攜帶除障草：

參加前在家裝上「檀香粉、除障草」，預先放在身上的紅包袋內，結束離開會場時，不可再帶回家，可以隨手丟在外面的垃圾桶內，不可以隨地亂丟。

4. 攜帶神明香灰：

參加前可先裝上「自家神明香爐內的香灰」，或是提前一天去家裡附近，裝上「正廟神明香爐內的香灰」，放入準備好的紅包袋內，當天預先放在身上的口袋內，結束離開會場時，一樣是不可以帶回家，可隨手丟在外面的垃圾桶內，不可以隨地亂丟。

以上四種方法，任選一種方式來保護自己，可免受告別式的煞氣影響。

086、被煞到的徵狀為何？如何化解煞到？

在告別式過程中或是結束後，感覺一陣暈眩、胸口悶脹、全身無力、使不上力量、渾身不舒服、心情低落、焦慮不安、會突然耳鳴、會聽到莫名聲音、看到黑影亂竄、

身戴平安項鍊、手鍊、轉經輪

攜帶除障草，放紅包袋內

有噁心想吐的感受，此時的你，可能是被靈界朋友、好兄弟盯上或是被負能量給沾染、煞到了。

以上是現場的感受，還有回到家中，甚至是過幾天後，會產生幻聽、幻視，整個人輕飄飄的，晚上睡不著還會做惡夢、偶爾會胡言亂語，聽到窸窸窣窣的細微聲音，這種情形也可能是被跟上了，靈界朋友、好兄弟可能跟著回家了。

遇到以上的狀況，該如何化解：

1. 前往正廟佛寺：

向廟裡主神或是佛寺菩薩稟報一聲，記得上三炷香請求主神、菩薩做主，化解告別式煞到的負能量，然後請待在寺廟裡超過15分鐘再離開，也要記得是「左門進、右門出」。

2. 洗加泡熱水澡：

建議買一瓶檀香沐浴乳、一塊艾草香皂，任何一種都可以，記得洗上15分鐘的熱水澡，然後泡進熱水浴缸內15分鐘，讓自己冒汗將穢氣及晦氣排出，也要記得連續三天都用此方式淨化自己。

3. 逛人多的場所：

人多的地方多走走多逛逛，像是百貨公司、正廟佛寺、排隊客滿名店、港式飲茶連鎖店、吃到飽名店等地，人多的地方陽氣自然也多，可藉此機會將身上的晦氣、穢氣及煞氣「轉掉、卸除、減弱」，若有不懷好意的靈界朋友、好兄弟跟著，也可趁此機會甩掉，回到家後，盡快將身上的衣物換下，丟進洗衣機，將殘留的晦氣、陰氣洗淨，回到正常的日常生活。

4. 老師協助化解：

真的有暈眩及反胃感受，可以找到適合的老師協助化解。

087、現代人的防煞方式？告別式後該如何做？

1. 三種物品勿帶回家：

告別式的胸花、放過錢的奠儀白包空袋、裝毛巾的包裝空紙盒，請勿帶回家中。

2. 洗、搓、曬毛巾和手帕：

毛巾是喪家的一份心意，拿回家後，先泡洗一下熱水，等水冷後再搓一搓，然後直接丟到洗衣機內再洗淨一次，最後拿到陽光下曝曬一天，可以重新改變毛巾和手帕的能量磁場。

3. 離開洗一洗淨符水：

離開告別式的會場時，門口附近都會擺一盆，燒化淨身符的淨水，請洗一洗手，再用沾濕的雙手在雙肩膀處，輕輕往下順勢撥動，由肩膀處往下滑動並撥三下，內心默唸「感恩、平安」即可，消除負能量的沾染。

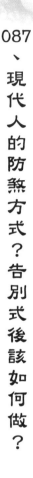

4. 找幾位好友吃頓飯：

結束告別式的儀式後，主動找幾位好朋友吃頓飯，不要急著回家，找個熱鬧的餐館，最好是人多又好吃的場所，吃個一小時以上，切勿飲酒及在聲色場所駐留，經濟允許之下，最好是掏錢請吃飯，這是消業障及防煞氣最好的方式，因為好朋友們都會開心地說「感謝、多謝」，全身充滿正能量，如此更能快速消除身上負能量的累積。

088、預防被煞到？還有哪些地方應避免去？

會被負能量給煞到，還有六個陰氣超重的地方，待越久氣場衰敗、沾染負能量的機會越多，有體質靈異及運勢欠佳的人，切記沒事不要待在這些地方太久，甚至連去都不要去。

1. 寺廟在傍晚之後的周圍：

傍晚七點過後，不該流連的地方就是寺廟周圍，因為很多靈界朋友、好兄弟會聚集在寺廟外圍休息並接受廟宇入夜後的靈氣。

2. 災難現場或車禍發生場所：

往生於災難的人要是沒得到超渡，會導致祂們每天重複受難；車禍發生場所若是沒得到超渡，也會在同一個地方逗留，這將是靈界朋友、好兄弟聚集的地方。

3. 兇案現場或自殺地點：

發生兇案現場是煞氣極重之處，包括自殺現場及地點，都是靈界朋友、好兄弟喜歡聚集的地方。

4. 停屍房、火葬場、骨灰堂：

屬於陰氣最重的三個地方，分別是「停屍房、火葬場、骨灰堂」，都不應該逗留，這些是靈界朋友、好兄弟無助等待及極度懊悔之處。

5. 亂葬崗及無人過問墳場：

針對孤苦之人、戰死異鄉、無魂野鬼的墳墓區，負面能量及怨氣最深，這些是受委屈的冤鬼、餓鬼、孤魂野鬼的聚集處所，沒事不要打擾祂們。

6. 醫院周圍及急診室外面：

醫院是救人的地方，也是往生扶傷的地方，會設置太平間，這是一個陰氣十足的地方，還有醫院周圍也是靈界朋友、好兄弟等著抓交替的處所，有體質靈異及運勢欠佳的人，切記沒事不要干擾、影響祂們。

089、平時如何避免煞氣的沾染？

分享六個正向能量的累積，讓讀者朋友可以在日常生活中，就能聚出好能量，避免被煞氣沾染，也會減少被靈界朋友、好兄弟給盯上及跟隨。

1. 常懷感恩及惜福的心。
2. 常保微笑及助人的心。

3. 常行孝道及關心長輩。
4. 常給幫助及反省自己。
5. 常說好話及不吝讚美。
6. 常愛自己及笑臉迎人。

090、參加告別式前後，如何避免煞氣上身？

參加告別式前後，三種簡單方法，也能達到淨身、防煞、護身。

1. **告別式前**，可以隨身戴水晶或礦石手鍊。
2. **告別式後**，不要急著回家，可以先去很多人的餐廳，例如百貨公司美食街或港式茶餐廳，人多熱鬧吃個飯再回家。
3. **回家之後**，泡個熱水澡，讓汗排出來。

戴天然礦石項鍊或手鍊，避免被煞到

【煞氣科學角度】

很多朋友都在問，到底居家堪輿看什麼東西呀，那麼今天就來跟大家好好分享一下，也順便讓大家知道，原來風水隱藏在很多細節裡。

一般來說，我們處理堪輿，分為兩類，一是住家，另一則是辦公室或店面，然而堪輿的內部格局看完後，就是協助看看這個建築物外在，有沒有煞氣，這個煞氣主要是看窗戶或門外是不是直接看到對面建築物的外觀，或是遠處的建築物相關的設施，像是儲水塔、天線、欄杆……等等，甚至兩棟建築之間的縫隙，都是會產生煞氣的地方，就必須化解，否則久了，還真的容易出問題。

居家堪輿，內部格局與外部格局都一樣重要

091、煞氣是如何影響人的呢？

煞氣是因有形體看得見、感受得到的氣場，對人體會產生威脅與不舒服，讓人們身體、心理、精神上備感壓力！

房屋外有電塔、電筒、電磁波輻射干擾；屋前直沖的馬路對著大門，危險的能量隨時衝過來；房屋大門直通陽台的穿堂格局，產生錢財隨時要送出去的念頭，這些煞氣的形成、預防、改善，科學上都已有驗證！

一般人看屋或買房前，要注意有科學根據的好房三要素：

1. 採光：陽光一定要充足，有窗戶、陽台能照射陽光入屋內。
2. 通風：屋內空氣一定要流通，屋內味道不可散發出刺鼻味。
3. 動線：屋內的擺設、動線、家具的高低、顏色的平衡、燈具的亮度。

092、怎麼樣的風、怎麼樣的水才會帶來好運？

好風水，其實是「藏風聚氣」！

一間好的房子，必須能讓好的風吹進屋內，這個「風」代表著能量與運勢，如何將

陽光一定要充足、空氣一定要流通、動線擺設要適宜

好的風、好的運勢留在屋內，就是「藏風」。

聚氣，也就是將流動的空氣留在家中，如「水」匯聚在家中，久而不散，自然會招來福氣、財氣，因而將氣比喻成水。

「藏風聚氣」就是聚集風、凝聚水，讓家中能夠充滿好的能量、祥和的運勢，這就是好的風水。

也可以說，因為有好的居家環境氣場，住起來身體好、精神好，家庭關係好，當然財運也會跟著好。

聚集風、凝聚水，讓家中能夠充滿好的能量及氣場

093、哪個門的方向來做為風水坐向？

大樓的大門，所測量的位置，是大樓的坐向，關係整棟大樓的樓運、環境能量。

住家的大門，所測量的位置，是住家的坐向，關係著全家人的運勢、健康、財運、文昌位。

因此，需要查大樓的運勢，就要測量大樓的大門，找尋「出向、坐向」。要瞭解住家的運勢，就要以自家的大門為主，藉此才能真正找出「宅運、方位、判定吉凶」的依據。

住家的大門

大樓的大門

094、如何判別住家座向？

住宅的方向，可從兩處測量判定—「大門或陽台」，有「陽台」者，以此優先查出方位；沒有陽台者，再以住家的「大門」來查。

以站在屋內面向外測量，可以判別屋子的坐向為「坐向、出向」。

有陽台者，以此優先查出坐向；沒有者，再以住家大門來量測判定

小貼士：

面向屋外測量的判定方法稱「坐向量測」。背面即為「坐向」，正面即為「出向」，也就是風水坐向的出口，用意是讓屋裡「坐向」的氣場，能夠被風水師順利引導至出口，使得屋內的氣場變好，不會有不好的晦氣存在。

095、若是裝潢好後碰到與風水衝突怎麼辦？

影響風水的衝突，多數是外在格局、內部動線，或擺放物品位置的影響。能在裝潢前就避開或調整是最好的。

若是裝潢後，才發現風水有所衝突，可採用「綠色盆栽」來遮擋，或是用「五帝錢」來阻煞，形成防護罩保護，是可以避免拆掉裝潢的方法。

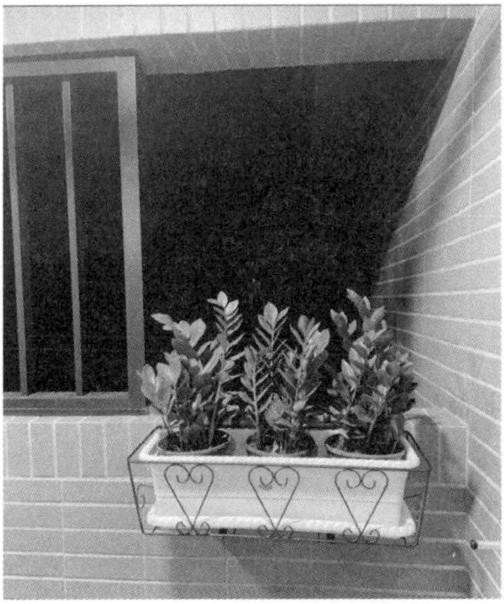

影響外在風水格局，可採用「綠色盆栽」來遮擋

096、左青龍，右白虎，能用科學角度來解釋嗎？

住宅、商店的大門口朝外方向看，左邊稱「青龍方位」、右邊稱「白虎方位」。用科學角度來解釋，左邊方位最好是開闊且高的空間，有利讓好的氣場流進來，右邊方位相對低且封閉的格局，如此能使氣流由高處往低處流動，並凝聚在我們的地方，這樣就能把好的運勢氣場保留下來。

如此一來，生活在此的人精神好、健康佳，財運當然就會順利。

商店的大門口左邊為青龍方

住家的入門口右邊為白虎方

097、瓦斯爐不宜對著冰箱，有科學根據嗎？

在廚房使用瓦斯爐時會產生熱氣，容易使冰箱效能降低，加上開關冰箱門的動作，容易造成瓦斯爐火燄的熄滅，而造成瓦斯外洩，引起公安危險，甚至中毒，這是已經知道的安全問題。

另外，風水上「爐灶對門，會生口角」，若有這樣的廚房格局，家人容易發生口角，進而影響家庭和諧的關係，不得不謹慎處理。

廚房使用瓦斯爐時會產生熱氣

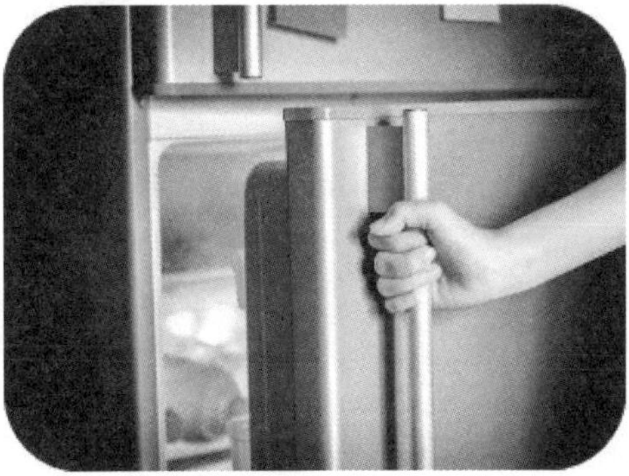

冰箱打開時會產生寒氣

098、擺設招財的植栽能增加運勢嗎？

居家擺設的植栽，最好是大葉、常綠、易照顧、不易枯萎的小盆栽。

採用「金錢樹、發財樹」最具代表性，既發財又能財源滾滾，擺放在藏風聚氣的明財位上，能夠增加住家運勢、補強主人財氣，使得家中充滿綠意生機，看得心情好、精神好，當然居家運勢一定好。

大葉、常綠、易照顧、不易枯萎的小盆栽

099、自己買擋煞物品有什麼眉角？

山海鎮，為平面鏡的化煞法器，有「移山倒海」的功用，需經風水師或到廟裡淨化開光，才有擋煞的效力。

比較不建議使用「凸鏡、凹鏡」來做為化煞之用，因為無論怎麼化解煞氣，最終煞氣都會影響到自己，最好的方式是採用「山海鎮」的平面鏡，既能擋住煞氣，也能平安無事。

任何化煞的法器，效力都只有一年，因此每年都必須重新經由風水師或是廟裡再淨化、開光，方能保持化解煞氣、保平安的效力。

山海鎮有「移山倒海」的功用

凸鏡、凹鏡比較會影響到自己

100、風水上宮廟附近的房子如何化解？

宮廟附近的房子會產生「廟照煞」，就風水格局來看，住在宮廟附近者，有可能容易貧窮、孤獨，家中男生甚至容易受傷。

由於宮廟會招來眾多信徒膜拜，好的、壞的意念都很強，也因此讓住家氣場、磁場容易引起失衡，對住在附近的人是不利的。

若已居住在宮廟附近者，可用「綠植栽、五帝錢」來遮擋，可以讓居住者得到平安、順利。

宮廟附近的房子會產生廟照煞

101、大樓車道上的風水，有何科學影響？

車道就像河流一樣，長久下來會讓車道上二樓、三樓的住戶感受到底部流動的磁場、氣場以及能量的作用，會讓住家運勢受到長遠的影響。

在科學實證上，當車子輪胎經過車道止滑設施，一定會產生噪音，這就容易讓住的人產生精神衰弱，甚至失眠症狀，進而引發健康風險，因此風水學也建議，住家不選車道的上方。

車道上部流動的磁場、氣場以及能量不穩動

102、石敢當的擺設及用意是什麼？

凡是化煞的物品、法器，經過開光及淨化後，才會形成保護的效力。坊間的石敢當、石獅子經過老師的開光及淨化後，就可以擺設在家及工作場所，自然會有無形的防護罩，讓在這場域內的人，能免於受到外在煞氣的影響。

一顆石頭上，寫著石敢當，表示要當成擋煞之用，也是得經過開光與淨化，才能使其產生效力。

刻有獅子形象的石頭雕刻品，也是賦予化煞擋煞之用。

石敢當、石獅子可當擋煞之用

103、廁所在格局正中間，為何不建議購買？

風水學有寫道：「水火不留十字線上」。

住家或工作場所，若將廁所、廚房設在格局正中間，這樣的動線容易造成通風不良、熱氣不易散去、管路設計受到限制。

因此，住家的廁所、廚房建議一定要設在靠牆處，才會增加對外窗通風的機會，讓住家的水火管路順著牆邊佈線埋管路，既美觀又能增加安全。

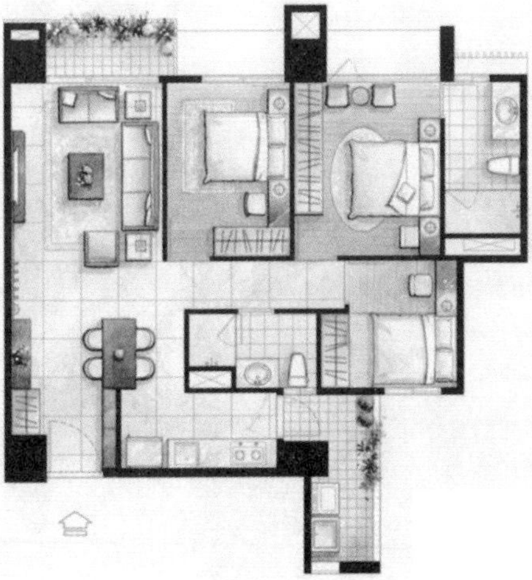

廁所、廚房勿設在屋宅的正中間

104、屋外有電塔，有方法能化煞嗎？

住家外若有電塔的障礙物，會有電磁波的干擾，在遠處會影響思緒。

在近處則影響健康。建議懸掛「五帝錢」來化解，記得先拿到廟寺過香爐，再回來懸掛，以形成保護牆，化解外在的煞氣，每年取下來一次，到廟寺再次淨化，才能年年有效力。

105、門前有大樹，為何在風水學上不好？

樹的本字「木」，周圍若有圍起來就形成「困」，會造成諸事不順、阻礙很多，運勢伸展不開。可請老師協助化解煞氣，用五帝錢來化解，或是窗戶裝上窗簾來擋住，也是辦法！

住家外若有電塔，太近會有電磁波的干擾

樹的周圍若有圍起來就形成困

106、時鐘懸掛位置，好運留不住，有科學解釋嗎？

時鐘是順時針而行，每天不停歇地轉動，如同流水般不停地攪動，能帶動家中的氣場、能量、財運、意念，將好的磁場能量留在家中，自然會累積好的運勢及財運。

當指針轉動方向對著窗戶、大門，無疑是將好能量、好氣場全部轉出去，當然就無法聚集宅內的能量氣場了。

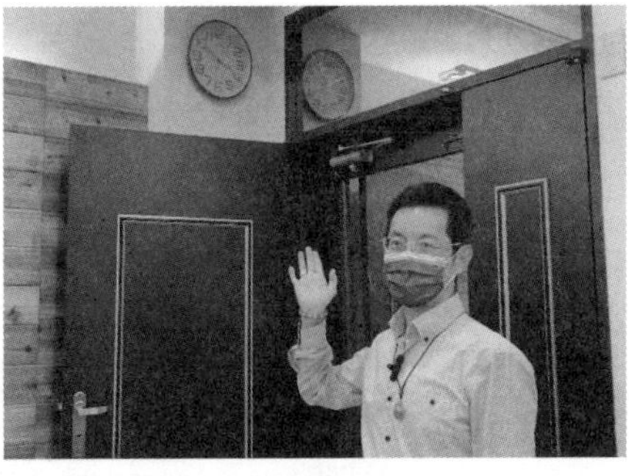

指針轉動方向對著窗戶、大門，將好能量、好氣場全部轉出去

107、坐東向西，賺錢沒人知，有科學角度解釋？

古人的話都是有智慧的。坐東向西的房屋，會受到東方升起的光與能量，使得人們特別有精神及活力，而向西的方向，因為太陽下山的光線也會照進家裡，讓人們覺得白天特別長、黃昏的時刻也一樣明亮，所以工作起來特別有勁。

工作到太陽下山都不覺得疲憊，當然賺錢就很有衝勁，心態上會更加努力認真，荷包自然也就滿滿，因此才會說「賺錢無人知」！

108、都市發展難免遇到煞氣，應當如何避開？

福地福人居，有緣份住進心目中喜歡的屋宅，就不用擔心別人的想法。

坐東向西的房屋，白天特別長，賺錢就很有衝勁

屋宅的外格局是沒有十全十美的，有壁刀、路沖、煞氣，可以請風水老師來評估調整。

如何以最溫和的方式進行化解，確保居住在這裡的家人，無論運勢、健康、工作、學習都能平安順利，所以，不用擔心會住到「衰一輩子」的房子。

若是買到喜歡的住宅，附近剛好遇到有高架橋樑，原則上，建議選超過高架工程的樓層，離它越遠越好，減少噪音煞、攔腰煞、鐮刀煞的格局；如果是買了房子才蓋高架工程，那可以加裝窗簾、五帝錢，以遮擋化鬥避的方式來化解處理。

屋宅的外格局沒有十全十美，加裝窗簾、五帝錢，以遮擋化鬥避的處理

【屋內格局改善】

瞭解風水的外在因素及科學根據後，我們就要來說說屋內的格局，這就牽扯更多的眉角了，屋況百百種，以客廳來說，財位在哪?有沒有穿堂煞?找到財位之後，可以安聚寶盆，其上還可掛文昌筆，再看牆壁上是否有掛什麼字畫，走到前陽台看看格局及遠方，這格局就能看出來影響男主人的運勢在哪?可以在男主人的公司行號上掛文昌筆，增加合約成交。

緊接著就來到廚房，水槽位置、瓦斯爐位置、冰箱位置、廚房門的位置，甚至於通往後陽台的位置，都會直接關係著女主人的健康狀況。接著來到主臥房，床的位置上面是否有燈具、梳妝台位置、廁所擺設，更衣室的設計，這就影響著夫妻之間的感情溫度。

小孩睡房就要著墨在學業成績上，當然睡床上方也不要有燈具照著，還有就是要找出文昌星位置，要擺上文昌筆，讓小孩讀書更加專心。

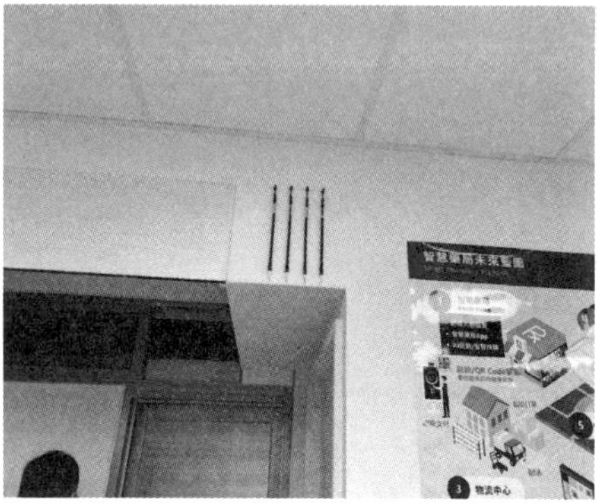

公司行號掛文昌筆

居家財位上方掛文昌筆

109、客廳的沙發為何一定要靠牆？

客廳主要的沙發椅必須靠牆才會穩固，以科學來看，沙發後方無靠，會因為不穩固而形成高低差，易發生摔落危險。

依古語「後無靠、不牢靠」，延伸至現代的風水來看，只要是座椅及位置的問題，一定要靠牆才安全。

沙發椅必須靠牆才會穩固

110、臥室內的燈具會影響人的身體健康？

臥室內的燈具形狀，建議採用「吸頂半圓弧燈具、崁入式燈」，有突出、直管、露出燈泡的燈具，應盡量避免。

因為燈具的形體會產生不好的氣場，直接影響到健康，不能輕忽這個問題。

吸頂半圓弧燈具

放射性突出燈具

111、臥室睡床腳的方向避免對著窗戶？

睡覺時，腳的方向對著窗戶、大門，在風水上是不好的。因為腳底是人的靈氣最弱之處，容易因此受風寒，身體能量也容易從腳底流失，因此要做好防護措施。

可以在天冷時穿襪保暖就寢，是預防身體氣場流失的方法。當然能避免腳底板對著門口、窗戶而睡的格局是最好的。

靈氣最弱是人的腳底，容易因此受風寒

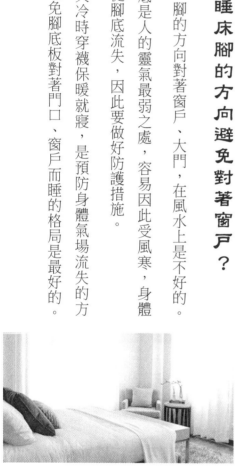

112、住家都喜歡掛畫，會讓運勢變差？

風水上要注意小眉角，才不會因為畫而使得運勢變差，對於掛畫，一定要注意畫中「山景、動物、水流、駿馬、龍鳳」等方向性。有情色、裸露、兇猛、陰暗面的畫作，盡量避免掛在屋宅中。懸掛正確的畫作，可以增加運勢及好的氣場能量。

如魚得水之風水畫作

知識如海之吉祥畫作

113、鏡子的擺設為何不能面對窗戶、神明？

家中鏡子的擺設，如果面對窗戶、大門，容易吸引外靈的入侵，躲藏在鏡子中；如果面對神明，則是對神明不尊重，久了神明會退駕、離開，家中的神明就只剩下空殼。

所以，不要把鏡子對著「窗戶、大門、床、爐灶、神明廳」，這樣住家才會平安、順利。

114、住家裝潢為何不建議有拱門？

拱門的設計，傳統是給陰宅、墓地使用的，不建議用在居家陽宅上。

如果，已經有拱門的裝潢，可用「布簾、木板」切齊拱門的弧度，使之平整，就可以避免影響住家運勢。

家中鏡子的擺設，非常重要

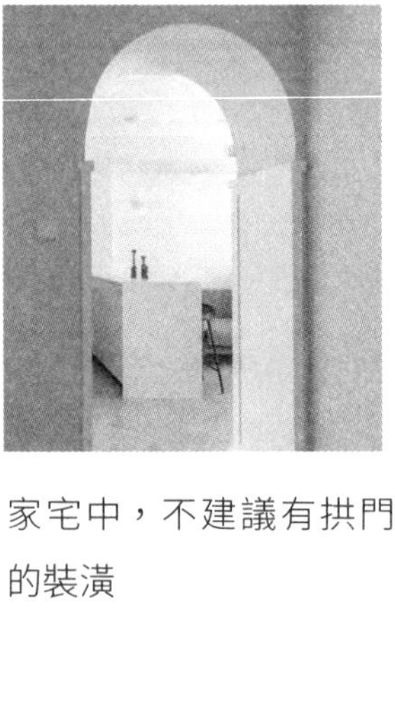

家宅中，不建議有拱門的裝潢

115、面對穿堂煞要如何化解？

穿堂煞之化解有幾個方法：

1、入門玄關處，加裝小屏風，讓氣流轉彎，不會直衝後門或陽台。

2、在後門處，加裝門簾，阻隔氣流的直通。

3、在陽台處，種植一排綠色盆栽，讓氣流、氣場，聚集在屋內。

穿堂煞又稱為穿堂風

116、主臥房的空間隔出衣帽間，這樣好嗎？

主臥房的大空間隔出衣帽間的小空間，若是加裝另一個門，會形成所謂的「房中房」的格局，會產生居家煞氣的存在。

房間設置更衣室，如果加上門把，也就是所謂的「房中房」格局，容易造成夫妻關係緊張，甚至同床異夢，所以建議設置衣帽間時，只需留一個開放通道空間就行，不需要多做一個門。

造成夫妻同床異夢，或是增加口角發生的頻率。亦可以請老師加掛五帝錢化解煞氣。

117、睡房遇到樑柱問題，會有什麼影響？

床位上有樑，請盡量避開，也可以裝修成圓弧形，就不會形成壓樑、內壁刀的煞氣，如果床位上方確實有壓樑現象，可請老師協助用五帝錢來化解。

否則，長時間睡在樑下，容易胸悶、壓力大，遇到小事較容易發脾氣及不耐煩，不得不謹慎。

房中房，加掛五帝錢化解

床位上有樑，可以裝修成圓弧形

118、浴室開門看見鏡子，如何化解？

浴室開門，看見鏡子，會因為突然看到人影，而影響的心理層面，易驚嚇，導致精神耗弱，甚至半夜自己嚇自己。因此可以用小布簾遮擋，需要使用時，才掀開使用。

也可以裝門簾來阻擋，真的不習慣門簾的使用，就養成隨手關浴室門的習慣，也能化解這影響。

119、冰箱門對著門口，如何化解？

冰箱門對著門口，就是「口對口」的格局，夫妻、家人容易鬥嘴，在外容易與人爭執、口舌是非的影響，可以請老師用五帝錢化解，以一道無形的氣牆阻擋，藉以改善口舌爭吵的問題。

冰箱門對著門口，掛五帝錢化解

120、神明廳神明安奉順序顛倒，有什麼影響？

神明廳的神像安奉位置，面向外來看，遵守左青龍右白虎、左尊右卑、左高左低的倫理原則，中間神尊是主神最大位，左邊次之，最後才是右邊。

神像位階若錯放，將導致運勢無法打開，家運及生意業務拓展不順！

神像安奉顛倒，盡快調整正確

121、神像的顏色有脫落，如何處理？

神像的顏色有脫落，一定要補回去，不然家裡的運勢就得不到保佑，進而家道中落，所以要時常注意神像，如有掉漆就要處理，如此運勢才會好，有做生意的也才會興隆，住在這裡的人也會健康、家庭關係和樂融融。

122、神明廳上的物品有損壞怎麼辦？

神像如有掉漆就要盡快修補

當神明廳上的「燈具、茶杯、茶座、神主牌、香爐……」有破損、缺角、褪色的現象，千萬不要修補，這是住家運勢的警訊，必須盡快重新購買更換，並挑選適合的好日子，替換放回神明廳上，才不會影響住家及家人的運勢問題。

神桌器皿有破損、缺角、褪色之現象，盡快替換

123、臥室內可以放經書嗎？

臥室是夫妻睡覺的場所，不建議將經書直接擺出來，經書代表神佛的象徵，必須擺放在清淨的位置。

書房、單人房、小孩房，則是可以擺放經書，不忌諱；另外，放在包包的小經書，是有平安及護持的效力，可以放在房間內，但最好是不要對著床，掛在椅子上、衣櫃內比較合適及表示尊敬。

124、居家的床真的有床母嗎？

現代的床都是西式或鐵架製作，不易有床母附在上面。

在古代，守護嬰兒的女神，就是我們稱的床母。其實只要常保感恩的心並心存善念，在移動床時，以平常心來面對，是不會有不好的影響，更不需要任何儀式來處理。

常保感恩的心、心存善念，不擔心床母

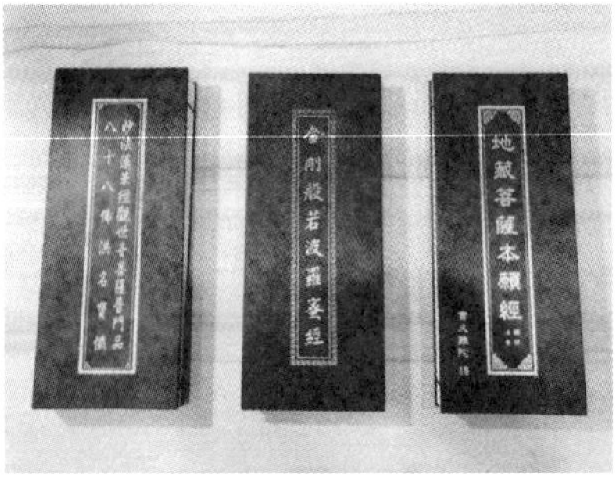

佛經必須擺放在清淨的位置

125、棄置的舊家具易形成負面氣場？

有歷史年份的物品，或是棄置的舊家具，都不適合放在家中當擺飾，會有負能量，或是有靈界朋友藏於其中，找到機會就會出來遊蕩，形成負面氣場。

若想繼續留著，應該曬曬太陽或找老師處理，如此才能讓住家平靜、順暢、氣氛和樂！

126、房間牆壁有裂痕一定要處理？

房間牆壁有裂痕，對居住在此的人健康上會有影響，尤其在呼吸系統、皮膚問題，或免疫系統上，會因此加速惡化。一定要盡快修補，改善牆壁裂痕的現象。

舊家具容易有負能量、靈界朋友藏於其中

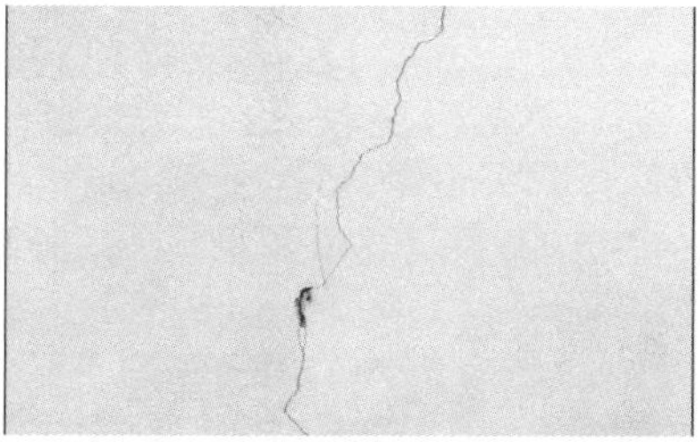

牆壁有裂痕要盡快修補

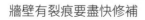

127、植栽當風水擺飾，有枯朽現象代表什麼徵兆？

出現枯朽現象，先判斷是否按時澆水，還是環境溫度高、不通風，若排除這些因素，就重新擺一盆新的盆栽在相同位置上即可。

如果環境是不通風的位置、溫度容易高熱，則建議風水植栽換個位置擺置。

128、居家室內設計，電燈的顏色是否會影響運勢？

居家設計，建議採用「米白、素色」為佳；電燈的顏色，客廳、臥房建議採用「黃光色系」，書房，因為要讓孩子寫功

風水的顏色與燈光的佈局，很重要

出現枯朽現象，盡快找出問題

課，建議採用「白光、不閃爍的燈光」，保護孩子的眼睛視力，如此是最不影響風水的顏色與燈光的佈局。

129、入門就看見廁所，風水上真的不好嗎？

風水上並沒有入門看見廁所就會不好的房子，只有廁所在屋子的正中間才是不好的格局，正所謂「水火不留十字線上」。如果真的遇到無法更改格局裝潢，可用門簾遮住，或是多設一道拉門遮擋廁所即可。

無法更改格局裝潢，可用門簾遮住

130、坐在樑柱下辦公，違背了風水的定律嗎？

人的運很旺時，就算待在「橫樑下、壓樑下、後背靠窗、面對實牆壁刀……」都不會影響自身健康、工作業績的成長。

平時多行善、持正念、多說好話、拉人一把、為善不欲人知，冥冥之中就會得到好的運勢、好的福氣保護！

真的遇到時運不佳時，可以在壓樑下兩邊各懸掛一串五帝錢，就能輕鬆化解橫樑、壓樑的壁刀煞氣。

131、住家栽種的盆栽為何大量枯黃？

住家的陽台四周所栽種的綠色植物，在正常的照顧、澆水的期間，突然有大量枯黃現象，它的警訊是「家中將有巨大變化，住家成員恐有意外，家中運勢正在衰退中」。

不得不謹慎看待、盡快找風水師來處理這樣的現象。

壓樑下兩邊各懸掛一串五帝錢，輕鬆化解

植物大量枯黃現象，它的警訊

132、朋友開店或公司成立，送什麼最合適？

開店或是公司成立，建議送「聚寶盆、金錢樹」最合適，財旺生意旺！

聚寶盆

金錢樹

133、建議哪一類的植栽真正有幫助運勢？

基本上，職位高升時，送「金錢樹、發財樹、幸運竹要綁紅色蝴蝶結」給對方，不僅僅喜氣旺，也有提升旺運的助力。

發財樹

【外在煞氣影響】

經過了煞氣科學角度、格局煞氣改善之後，是不是有更瞭解風水堪輿的用意在哪裡。

鈍葉椒草

幸運竹要綁紅色蝴蝶結

很多朋友經過堪輿之後，多數人一定會發現，為何調整過後，動線都變好了，甚至會懷疑自己，為何住這麼久都沒發現可以這樣移動，其實風水就是只要陽光充足，通風良好、動線順暢，這樣就是好的風水寶地了。

134、風水真的會隨著時間而改變嗎？

十年河東、十年河西，看著西門町的起落，似乎有這麼一回事！風水是依照天地磁場的變化，而跟著變動的現象，正如人無天天好、花無百日紅一樣。環境也是一樣，當天地磁場改變，環境就會跟著起落、興旺、繁榮，一切都會跟著磁場及能量的變化而改變。

所以，要想保有好的風水，就必須尋求有能力的風水專家，才能隨著磁場的改變，協助當事人、店家、委託人的需求，進一步調整風水環境及格局，來保持好的風水氣場。

西門町的起落，有如一場電影的起、承、轉、合，有開始、有興盛、有轉折、有落幕，這是天地磁場及環境不變的道理！想要持續維持旺運，就應該跟著天地能量的改變，風水也跟著調整，才能常常好運、旺運跟著你！

135、風水說法有陰陽之分？

風水的磁場能量分為陰、陽，大馬路的辨別方式，基本上是以類似水流的方式來看。

舉忠孝東路來說，七段後面是山，往一段前進方向來看，就像是水由高處往低處

持續維持旺運，就應該順著天地能量的改變

流，因此，忠孝東路往一段方向的右側，即為順向，風水學上稱為陽，左側為逆向，稱為陰，位居陽邊的商家，則較易形成人潮聚集，錢潮滾滾，而位居於陰邊的店家，因為能量都被陽邊吸走，不容易吸收人氣，生意業績可想而知。

136、這家早餐店會有問題嗎？

1. 樓梯下工作，壓力大，健康容易有問題。
2. 牆壁上時鐘方向不對，撥向外，財留不住。
3. 冰箱外露，口角不斷，容易爭吵。

影響層面：容易肩頸壓力大、頭部緊繃、不聚財，造成口角爭吵。

化解煞氣：五帝錢、綠色植栽。

風水的磁場能量，分為陰陽

時鐘指針轉動向外，不聚財

冰箱外露，口角不斷

樓梯下工作，壓力大

137、站在對面看到大樓壁刀的景象？

這棟大樓整體來看，會有以下症狀：

1. 外牆有壁刀形煞。
2. 天羅地網煞氣。
3. 招牌菜刀的血光煞。
4. 空調室外機的廢氣煞。

影響層面：店家生意受影響、面對到的住戶容易出現健康影響。

化解煞氣：五帝錢、綠色植栽。

被大樓面對到的住戶，要化解

138、從陽台看出去的景象有哪些問題？

從陽台往前看，出現朱雀在前，前面的紅漆建築物是煞氣。

朱雀在前，是前方紅漆建築物

影響層面：容易有血光、易發脾氣、前途受阻。

化解煞氣：五帝錢、窗簾、綠色植栽。

139、走在向弄內，往前看到的照片景象？

從長長的巷弄往前及抬頭看上去，會有兩個外在煞氣：

1. 細窄巷弄煞氣。
2. 細縫天斬煞。

影響層面：容易受到風寒、刀切刺骨、運勢不順。

化解煞氣：五帝錢、綠色植栽、石敢當。

140、馬路邊有兩個並行的車道口？

走在路上，看到停車場有兩個出入口，其上有綠樹盤藤：

長長的巷弄充滿著外在煞氣

1. 白虎抬頭煞。
2. 停車場雙出口的煞氣。
3. 左邊招牌煞。

影響層面：容易受傷、負面能量、精神易擔心受怕。

化解煞氣：五帝錢、綠色植栽、窗簾、石敢當。

141、兩棟很近的大樓並排的煞氣？

走在路上，看到兩棟很近的大樓並排，中間的細縫太近，形成天斬煞、迴風煞。

影響層面：細縫之風切斬，容易有血光、寒風刺骨、噪音風切聲。

化解煞氣：五帝錢、窗簾、綠色植栽。

停車場的出入口是白虎抬頭煞

142、兩棟大樓的中間凹下建築？

兩棟大樓並排，中間的細縫太近，寒風刺骨、噪音風切聲

走在馬路邊上，抬頭往上看，中間的建築物形成：

1. 高壓煞。
2. 反光煞。
3. 淋頭水煞。

影響自身層面：容易運途受阻、健康影響、運勢低落。

矮建築物夾在兩棟大樓中間，運勢會低落

影響別人層面：容易反光刺眼、刺眼暈眩。

化解煞氣：五帝錢、兩座水晶柱。

143、房子一半殘破的外觀煞氣？

老舊建築的外觀，產生多種煞氣影響：

1. 慢性病較會纏身。
2. 增加財務問題、官司問題。
3. 子孫會流浪外頭，不想回家團聚。

隔壁鄰居受到影響：容易收到負能量影響、心情低落、神經緊張、易發脾氣。

化解煞氣：五帝錢、綠色植栽、破損修復、室內點燈。

老舊建築的外觀一定要修復與整頓

144、不聚財的店面會出現什麼格局？

當店面的面寬大、內部太窄小，除了擁擠也入不容易聚財，俗稱漏斗形店面。

影響層面：聚財不容易、工作很忙碌、員工容易發生口角。

化解煞氣：五帝錢、綠色植栽、聚寶盆。

店面的面寬大、內部窄小，工作起來不聚財

145、獨棟的建築格局出現什麼問題？

這一類獨棟建築格局，國外最多，走出大門口，有樓梯屬不佳運勢！

當每天出門都在走下坡、下樓梯，對應到洩財格局。

影響層面：工作運及財運不佳。

出家的大門口有樓梯直下，運勢會佳

解決方案：用五帝錢、鎮財元寶，由老師開光後，同步懸掛左右兩側。

146、燻黑的大樓外牆會出現什麼問題？

這棟大樓的外牆剝落，稱為刺面煞、剝落煞、斑駁煞。

形成煞氣：

1、招牌煞。

2、千瘡百孔煞。

影響層面：住戶精神緊繃、士氣低落、呼吸道問題、易有血光之災。

化解煞氣：五帝錢、窗簾、綠色植栽、室內點香氛。

大樓的外牆有漆黑、剝落要多注意

147、透天連棟房的屋頂長小樹？

老式的連棟建築物，其上長出小樹及雜草，形成：

1、困頓煞。

2、腫瘤煞。

影響層面：財務困頓、皮膚問題、血液循環不良的健康問題。

化解煞氣：五帝錢、除去長出的小樹及雜草。

148、二樓透天的牆縫隙長出大樹？

樹根生長在屋內或牆壁縫隙中，會形成「困」格局，形成：

1、樹叢煞。

牆壁縫隙中長出樹木，會形成「困」格局

建築物長出小樹及雜草，都應避免

2、陰影煞。

影響層面：容易生怪病、財務困頓、招陰格局。

化解煞氣：五帝錢、窗簾、室內點燈。

149、頂樓加蓋遮雨棚及雜草叢生？

在樓頂進行加蓋，造成牆壁龜裂及雜草叢生，形成：

1、刺面煞。

2、蜈蚣煞。

3、外牆剝落煞。

4、水管露出煞。

影響層面：容易出現呼吸道問題、皮膚病問題、健康易出狀況。

化解煞氣：五帝錢、室內點燈、除去雜草及延伸的小樹。

牆壁出現龜裂及雜草叢生，應盡快補平及修剪

150、大樹在大樓前方，會出現煞氣？

大樓前方有兩處茂密的綠樹，遮住窗戶陽光與視線，形成：

1、樹叢陰影煞。

2、遮面煞。

影響層面：失眠、壓力大、神經衰弱、光線陰暗、事業前途受阻。

化解煞氣：五帝錢、窗簾、室內點燈。

151、這間牙醫診所面對的問題？

由這間牙醫診所看出去，產生的煞氣形成：

1、鋸齒天斬煞。

2、三片招牌煞。

茂密綠樹遮住陽光與視線，形成樹叢陰影煞

影響層面：身體健康下滑、易血光發生。

化解煞氣：五帝錢、窗簾、石敢當。

152、三角窗店面的煞氣為何？

位於三角窗地段的店面，形成諸多的煞氣：

1、蜈蚣開口煞。

2、路燈頂心煞。

3、水塔藥罐煞。

4、小人探頭煞。

影響層面：精神緊張、胸口鬱悶、常生病、職場運勢打不開。

化解煞氣：五帝錢、窗簾、綠色植栽。

鋸齒天斬煞、三片招牌刀切煞

三角窗的店面，要多種綠色植栽

153、打開大門後即見廁所的格局？

開門入屋即正對廁所，所形成的問題：

1、財運受阻。

2、穢氣直沖煞。

3、家運錢財留不住。

影響層面：開門味道煞（穢氣煞）容易生病、錢財留不住、事業無法開展，易受阻。

化解煞氣：五帝錢、室內點香氛、室內點燈。

154、一樓房子的屋頂上長草，可以嗎？

房子屋頂上長草、長樹，都是不好的徵象，所形成的問題及煞氣：

濕氣穢土煞。

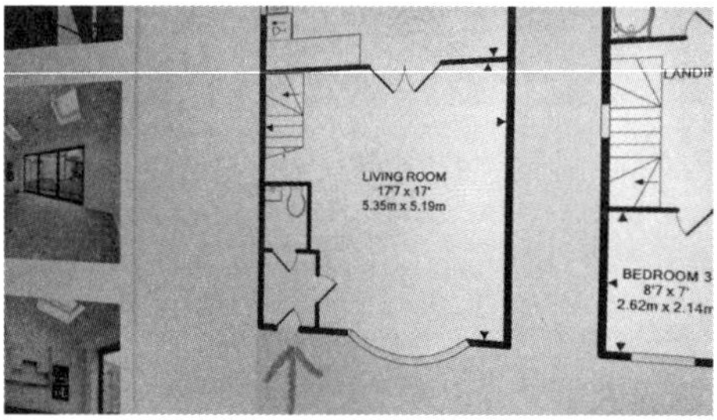

開門見廁，入屋的時候容易產生味道煞

容易產生皮膚病、過敏及風濕症，工作運勢也會烏雲罩頂，盡量避免在這種格局的屋子居住。

影響層面：在這裡住久了，婚姻關係也會產生不好的問題，容易紅杏出牆、戴綠帽的風險。

化解煞氣：五帝錢、除去雜草及苔癬、枯枝植栽換新。

155、店面的紅紙剝落及山海鎮髒汙？

店面掛的山海鎮，沒有每年開光淨化，則會無效。張貼破損的紅紙，易造成朱雀見紅，不吉利。

影響層面：時鐘的指針向外，財往外送。

化解煞氣：五帝錢、山海鎮擦乾

屋頂上長草、長樹，易產生過敏及多濕氣

山海鎮，每年開光淨化；勿有朱雀見紅，不吉利

淨再重新開光、紅紙移除乾淨。

156、夾在兩棟建築物中間的店面？

這間店面的生意要興隆，除非廚藝好、食材特殊、料理口味好，不然外在環境是不好的，所形成的問題及煞氣：

1、高壓煞。

2、天斬煞。

3、纏頭煞。

4、陰暗煞。

影響層面：壓力大、風切聲大、下雨會滴滴答答、採光不聚。

化解煞氣：五帝錢、兩座水晶柱、聚寶盆，室內點燈。

備註：

風水是一種拉鋸戰！只要心好人善良，即便居住的地方不是好風水，也不會影響

外在環境是店面要注意的問題

當事人；相對的，經營用心，選用好食材，料理出美食，口碑就會好，還是可以影響生意的興旺！

157、玉帶環腰的風水好格局？

買房子，盡量選擇馬路內灣的位子，才能聚財！

這樣的外在格局，在風水上稱做「玉環腰帶、玉帶環腰」的風水好格局！

古代的官員、有錢人，都會在腰帶上綁著玉佩，或是像財神爺會有一個玉帶環腰的象徵，延伸到風水格局。當你要買房子，應盡量選擇馬路內灣的位子，就是象徵官員、有錢人的格局，如此才能聚財。

馬路內灣的位子，玉帶環腰才能聚財

158、化煞避邪掛件，買回家如何開光？

化煞避邪掛件，自行購買回家懸掛，必須經過以下過程，才能發揮擋煞的效力。

1.至廟裡、佛寺過香爐，向佛菩薩、神明稟告做什麼化煞用途，然後在大香爐上繞三圈即可。

備註：需報自己姓名、自家住址、做何用途。

2.或是經由風水老師親自持咒、唸經、加持及煙燻開光後。

上述任一選項完成後，可以再參照風水書的建議位置來擺設，掛在合適的化解位置，就能達到化煞、避邪、平安的好效果。

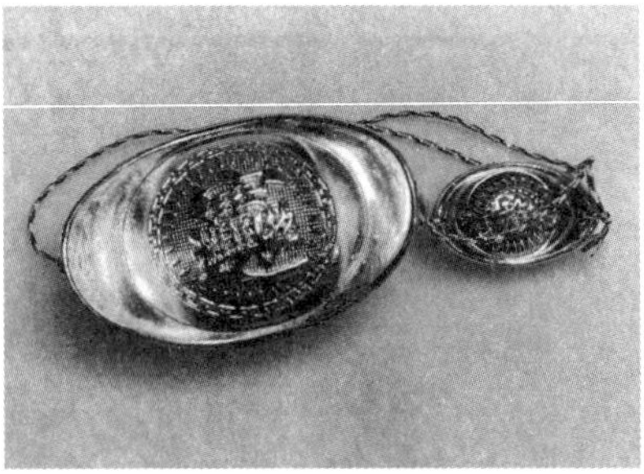

化煞、祈福、避邪的掛件，建議要開光

159、現代化的化解煞氣掛件，五帝錢的應用？

五帝錢外圓內方，鑄刻五帝在位時間正好180年，有完整三甲子的三元九運。銅錢的外圓代表天，內方代表地，中間的皇帝年號代表人，因此天、地、人三才俱備，具有扭轉乾坤的能量。銅錢性質剛硬、五行屬金，是為陽剛之物，故能驅除陰邪、化解煞氣、加強地氣，懸掛在煞氣的對應處，以形成一道無形保護牆的作用。

五帝在位的時代，是風調雨順、國泰民安、國運昌隆，因此使用帶有皇帝年號的銅錢，就具有提升能量、穩固氣場之效果。

五帝錢之功效，可是應用於現代的裝潢，懸掛後形成一道無形的保護牆，是非常適合化解煞氣之掛件。

五帝錢的現代化妙用：可提升、補足、化解，形成一道無形保護牆的作用。

提升前陽台的能量：補足陽台氣場，增加男主人的事業運勢。

提升房子缺角能量：掛在房子不方正的缺角處，補足房屋缺角的能量。

提升大門氣場能量：大門對到隔壁大門、對到電梯門口，補足門口能量。

提升家人的向心力：屋內門對門，象徵家人易口角，補足家人同心能量。

化解居家內拱門煞：居家內部的裝潢有拱門造型，化解拱門不吉利煞氣。

化解門前向下樓梯：居家有門前下坡、面對向下樓梯，提升門口地氣、避免能量外流之問題。

化解沙發無實牆、**座椅後無靠**、**睡床頭反睡**：可懸掛在沙發背後或桌椅背後或睡床頭背後，以形成一道無形的氣場牆，來進行化解。

化解室內的壁刀煞、**壓樑煞**：面對屋內的煞氣，在對到的位置上，懸掛開光的五帝錢，可形成一道無形的氣場牆，來進行保護與化解。

化解屋外的探頭煞、**開口煞**、**壁刀煞**、**天斬煞**：在窗戶上對著外面的煞氣，懸掛開光的五帝錢，可

五帝錢的現代化應用，開光淨化後，能巧妙化解煞氣

以形成一道無形的保護牆，進行保護與化解。

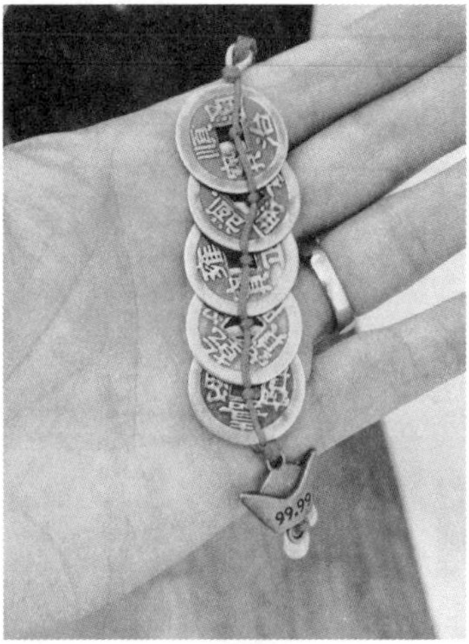

開光淨化

懸掛化解

五帝錢準備

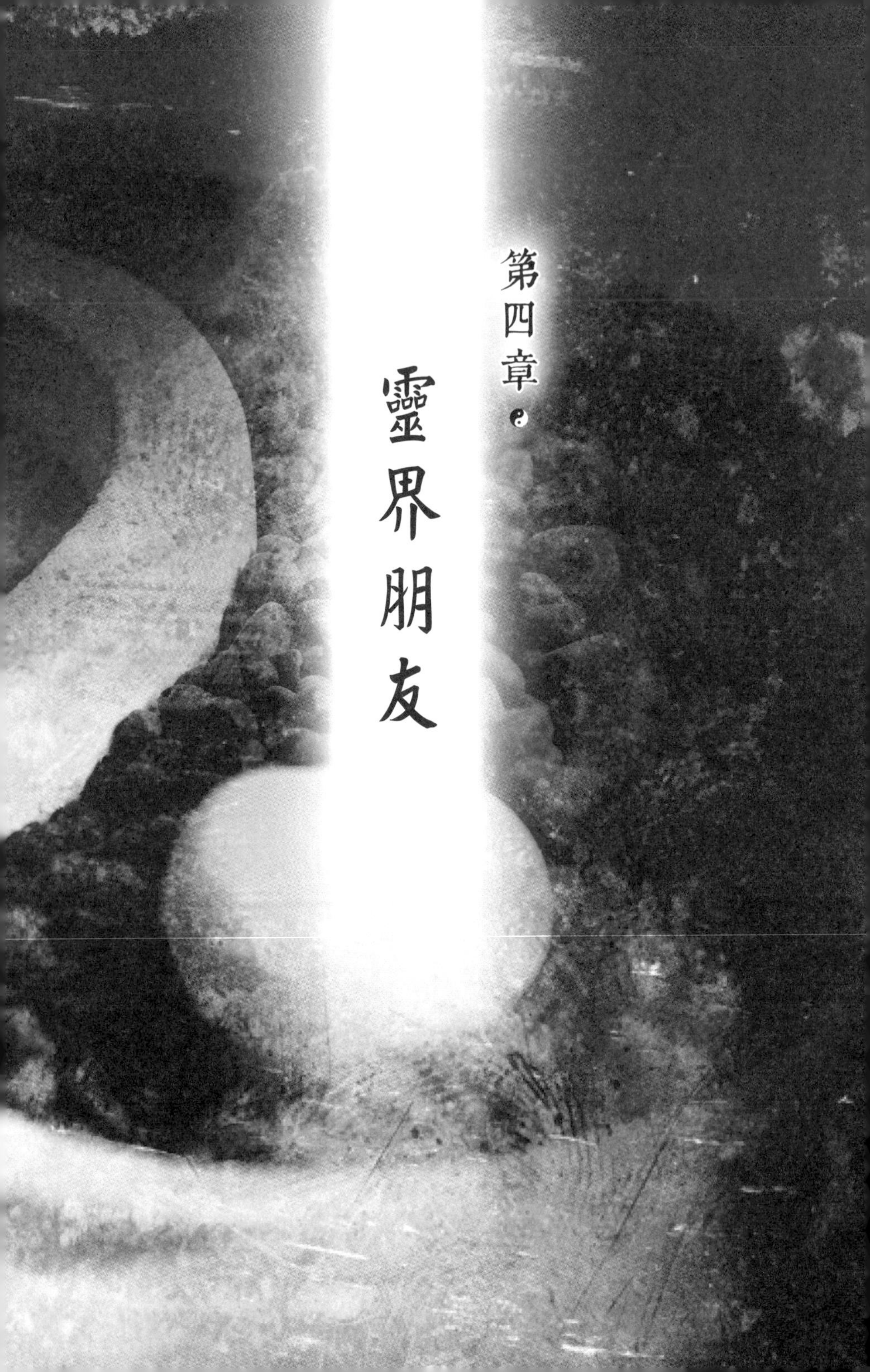

第四章 靈界朋友

第四章・靈界朋友

【靈界朋友實錄】

關於靈界朋友的存在傳說，很多神的代言人、乩身都會說沒關係，祂們不會害你，就算是在自己住家或工作場所，真的有發現，也不用太在意及擔心。

靈界朋友的存在並不是傳說，長久以來，陰陽就是和平共存，只是陰跟陽本來就各行其道，互不干涉。

若發現有靈界朋友在住家或是工作場所出現，真的不用驚慌！

盡快請有緣份的老師協助，透過溝通的方式，請祂們離開，或是請祂們到其他地方修行，這樣才不會影響住在這裡人的健康、精神狀況，也能改善營業場所的營運收入。

萬一遇到了，一定要及早請專人協助溝通處理，才不會影響家人的健康與工作運勢。

160、家中有拜神明、公媽，不想祭拜，該如何？

當家中的神明不想再祭拜，必須用三炷香向神明請示，稟報什麼原因？不再祭拜，先行擲杯，詢問是否同意離開，若同意，需擇吉日，準備三樣水果、香、燭、茶，恭送神明離去，然後使用紅紙將神明雙眼貼住，再用紅紙整個包住，再裝入紙箱，拿去廟裡去結緣，不可任意丟棄路邊，或是可以請清潔隊幫忙回收。

若家中的公媽不想祭拜，先詢問家中有兄弟者，是否願意接手，若沒意願，則請示祖先、公媽，是否願意移到廟裡供奉，擲到杯同意的話，準備三樣水果、香、燭、茶，恭送神主牌位，先用紅紙包牌位，再裝入紙箱，拿到適合的廟裡繼續供奉，中元節、清明節、相關忌日，必須要至廟裡祭拜。

若是擲沒有杯，就要一直擲，跟神明或祖先談條件，擲到有杯為止，當然最保險的辦法，還是請專業老師來處理，以免橫生枝節。

161、靈界朋友都喜歡聚集在廟宇、佛寺？

靈界朋友也是希望透過廟宇、佛寺的誦經祈福，來獲得功德，以期早日投胎，不要再流浪、受苦！

所以，一般會聚集在廟宇、佛寺的周圍，不會進入裡面，藉由神明的能量，聽聽經文，累積功德，早日脫離靈界之煎熬。

162、凶宅不淨化處理，住進去會有問題嗎？

凶宅，一定要淨化處理，住進去才會有好能量、吉祥氣場。

如果不去淨化，凶宅的能量錯亂，住久了會導致健康受到影響，心神容易耗弱，工作、讀書自然無法專注，財運與運勢也會跟著不順遂。

想要完全淨化，不藉助人為力量，則必須靠長時間解決，通風、曬太陽、人氣旺，自然也可以達到淨化的效果。

若是要短時間內淨化處理，可以找風水師來協助，讓凶宅的氣場得以成為正常適合人居住的地方。

163、家中或店家，如何避免靈界朋友進駐？

要避免靈界朋友住進家中或是店家，需要「人氣旺、多陽光、保持通風乾燥」的環境，如此便不容易讓祂們進駐。

地下室異常濕冷陰暗、家中經常有莫名的聲響、物品掉落、冷風陣陣、經常起雞皮疙瘩、難入眠、莫名壓床、黑影閃現、身體出現莫名病症，連醫生都查不出原因，若有以上狀況經常出現，建議可以請熟識的風水師，或宮廟住持來現場看看協助處理，還原一個正能量的處所，才能得到好運勢、保平安健康的生活環境。

164、傳統超渡法會真能讓往生者轉世投胎？

不見得能讓往生者如願去轉世投胎。

超渡法會，只是讓在世的人，心中得到慰藉，化解在世時的遺憾與不孝的心。

所以，為人子女應該是父母在世時，盡孝道、多關心，讓父母心中毫無怨恨與遺憾。等到離世的日子來臨，自然能了無牽掛，不再留戀人間，順利投胎轉世的機會，就會大幅提升，這比往生後才做超渡誦經儀式有用多了。

165、若是遇到容易靈動的人，如何減少靈動？

平時多唸經、多唸佛號，可減少靈動的發生。

要避免起乩的問題，學習正確打坐及冥想，才能真正安定心靈，減少外靈入侵，達到身、心、靈的平衡。

166、家中有神明廳，為何躲有靈界朋友？

靈界朋友喜歡跟能量較弱，常去醫院、負能量地方的人，然後跟他回家，以期待累積功德或投胎轉世的機緣。

縱使家中有神明，只要不是從神明的正面經過，都有可能躲進家中的房間、倉庫、地下室等角落，不得不謹慎。

平時要多觀察，若是睡不好、久病身體虛、醫生看不好、身體畏寒、常發冷、聽到莫名說話聲，都是有靈界朋友進駐的徵兆，一定要淨化屋宅。平時通風良好，讓陽光進屋裡，請親朋好友多到家裡走動，也能減少靈界朋友的進駐。

167、絨毛娃娃平常少擺在床旁邊一起睡覺？

住在山邊、山坡、山上、河邊的屋宅，就不建議在床上放「絨毛娃娃」；如果是居住在都市、人氣較旺的環境，影響比較不大。

如果有疑慮的朋友，可以拍照片，免費協助瞭解，再建議是否需要收起來。

168、爬個山也會帶回靈界朋友嗎？

先說一聲，信者恆信。先前處理一件店家堪輿，完成後與老闆娘閒聊，得知她的一位女員工熱愛爬山，最近一個人爬了七小時的山，回來上班後，感覺整個人都變了樣，工作態度丕變，眼神也不像以前那樣，於是老師請她用手機看該名員工照片，看完照片，老師發現她兩隻眼睛裡，各有一位靈界朋友附在身上。

當天剛好週一店休，無法與該名員工見面，因而無法處理，只好給一條加持過的手鍊，請老闆娘幫那名員工戴在手上，看看能否藉此讓靈界朋友自行離開，沒想到隔沒兩天，又收到老闆娘的賴，說她覺得頭很暈，是不是我們上次沒有處理好，老師得知消息，立刻請老闆娘拍店裡照片，以及那位員工照片來看，結果店裡沒問題，是那位員工的因素，請老闆娘叫員工去隔壁土地公廟待個15分鐘再回來，神奇的事，員工剛離去，老闆娘即告知她的頭暈現象好了。

為了這件事，隔了一星期，我們在處理完當天行程後，專程前往該店，老師與這位女員工身上的靈界朋友溝通後，順利將祂們請走，該名女員工也立刻覺得輕鬆多了，老師有先問她最近是否睡得安穩，她回答，晚上都會夢到找不到回家的路，老師說，這就對了，因為靈界朋友晚上都帶她到處亂跑，處理後，老師給她一個建議，請她日後要再去爬山，若是遇到太陽下山，心中就默唸經常去拜拜的神明法號就好。

後記，老師在進行溝通請走儀式，畫面就是從這位女員工身上抓出來，因為是兩個，所以有兩次動作都一樣，我有問老師，不擔心祂們落跑，老師說不會的，祂們就像小孩子一樣，跟祂們交換條件，祂們就會乖乖站在旁邊，然後再引導祂們從門口離開，就完成整個過程，沒有親眼目睹，絕對無法想像的。

這邊要分享的是，世界上仍然有許多無法以科學角度來解釋的現象，尊重傳統，不要迷信，一直是我們在提倡的目標，希望可以導正許多風水傳統錯誤的認知，也可以幫助更多需要幫助的有緣人。

169、觀落陰對先人有什麼影響很大？

對先人會有非常大的影響！

子孫或親人，沒事就採用觀落陰來召喚往生的先人問話、求證一些不重要的瑣事，對先人是很不公平的。

因為，短短的幾分鐘問話，就會讓先人在地府要多待幾十年受苦時間，才能再次投胎轉世，得到解脫，這對先人而言，真的是無妄之災。

倒不如在中元節時，多進行誦經、水陸法懺的功德，迴向給先人，讓祂們可以早日投胎轉世，庇蔭親人及後代子孫。

170、曾經墮胎或小產，會有所謂的嬰靈嗎？

或許很多人不以為然，認為是無稽之談，曾經有一位女主人好幾次回診後都莫名發燒，也查不出原因，去宮廟問事，道士問是否小產過，而且還兩次，因為有兩位嬰靈跟著，當天剛好也透過關係，知道我們可以透過照片，看是否有靈界朋友，因此專程拍了住家照片給我們看，老師看到一間臥室，告知有兩位靈界朋友在床上，當事者才願意請我們前往協助處理。

處理過程順利，最後恭請神明將兩位留戀在無緣母親身邊的嬰靈帶走，畢竟陰陽兩隔，不能來影響陽世間人的磁場，進而造成健康、運勢的不好，過程其實很特別，就是讓嬰靈感受一下母親的呵護擁抱，給些糖果、玩具，像真的哄小孩一般，最後給予功德迴向，然後就圓滿結束，過幾天女主人身體也逐漸恢復正常，不再莫名發燒，玄吧！科學無法解釋的現象。

後來老師說，由於當天他親手抱了兩位嬰靈給神明接走，由於太親近接觸，竟然連續拉了肚子三天。

171、誦經、持咒，對鬼怪不太有用？

誦經，可以將功德超渡靈界朋友，使其早日投胎，免受流浪飄零之苦；持咒，可以形成結界，讓靈界朋友知道陰陽界限、不得越矩行事。

鬼怪的道行比靈界朋友高，因此，誦經只能使祂們頭痛，而持咒只能限制祂們行動，祂們並不會害怕「誦經、持咒」，反而是當你運勢低弱、做虧心事、擔心受怕時，祂們就會趁虛而入，干擾你的日常。

所以，平時要保持正能量、光明磊落、不做虧心事，自然鬼怪、靈界朋友就無法親近干擾我們。

172、廟宇拜觀音、關聖帝君都是分身？

全世界廟宇、家中的神明，如觀音、關聖帝君或土地公等等，都是會以其觀音的分身、關聖帝君的分身、媽祖分身、土地公的分身來執行神明任務，這些被授權的神職分身，都是在世積功德的人士，往生後才能再度來人間，指派附在神像身上，為信徒服務、協助達成祈願的任務。

所以信徒的心聲，都是由這些神明的分身來分工聆聽、協助達成心願。

173、減少焚香燒紙錢，避免空氣品質的汙染？

焚香是可以用來與神靈、祖先溝通的工具，基本上神佛是用不著紙錢，而祖先也是靠誦經而消業滅罪的，燒紙錢對祖先來說，沒什麼功德。

若要說紙錢有功能的話，是對靈界朋友有幫助，祂們可以藉此得到功德，累積夠了，就能順利去完成輪迴轉世的過程，當然還是有其他選擇來幫助靈界朋友，能不燒紙錢就可以避免空氣品質的汙染，還給人們清新的生活環境。

174、清明節祭拜祖先後，如何送祂們離開？

如何確保祖先帶朋友回來家裡做客後，祖先的朋友一定會跟著離開，而不會留戀在我們家裡。

可以在準備水果、供品後，上香恭請祖先名字輩份及先人朋友一起來享用。清明時節，這些先人朋友會樂意來享用的；祭拜後，一定要擲杯，詢問有吃飽、有開心嗎？應杯、應爻後，再合掌恭送祂們離開，就不會依依不捨賴在家中不走了。

【靈界溝通處理】

175、靈界朋友就如同人間的街友？

檢測方法是有的，當發現家裡經常出現異常聲音、經常感覺寒冷、經常起雞皮疙瘩的現象，就可以用手機拍下家裡的各個角落、天花板，傳給你有緣的老師看一看，就可以給你們建議、指導。

176、靈界朋友白天、晚上都會存在？

分享靈界朋友的關係，也希望讀者朋友日後可以在心裡上不再有罣礙，當然，心裡一定還是會毛毛的，記得老師有傳授祕技，一句口訣咒語，嗡~阿~吽，就可以保自己平安，也能請走靈界朋友。

現在就來聊聊靈界朋友的存在，其實白天走在路上，都有機會跟祂們擦身而過，因為祂們是不怕太陽的（一眉道人演得太成功了，讓大家都以為鬼見到陽光就掛了），請各位想一下，有時候在路邊看到街友席地而坐，是不是也沒什麼特別感覺，只是覺得他們為何無家可回，沒錯，就是相同概念。

外面的靈界朋友，祂們有的是時辰未到，有的是落跑的魂魄，沒按照規定回去報到，也因此，祂們就四處躲藏遊蕩，跟陽間的街友一樣，只要有個地方可以遮風避雨，祂們就會住下來。

因此，就風水來說，住家陰暗潮濕處的氣場最適合祂們，祂們就會偷偷進駐，我們當然不會知道，畢竟陰陽兩隔，祂們進駐磁場就會被干擾，久了，住在裡面的人就容易生病、運勢變差。

所以，才會說好的風水寶地三要素：陽光充足、空氣流通、動線順暢，其實這樣就已經有八十分了，再藉由風水老師的調整，就能達到九十分的境界，當然住起來就會很順利，其餘的十分就靠自己來營造。

最後要說的是，其實只要時常整理家裡，不要讓有些角落被遺忘，或是堆積雜物，甚至也可以三不五時的邀請朋友來家裡坐坐，增加人氣，這樣靈界朋友就比較不會來進駐了。

177、天生有陰陽眼，可以關閉起來嗎？

保持平常心就好，不需要特別去修持「陰陽眼」；可以看到靈界朋友，不是什麼好事，對於沒有天命賦予特別任務的朋友，奉勸不要嘗試！

如果，天生擁有這項能力的朋友，也不要太擔心，行善、說好話、心胸開闊，當這項功能不常使用，自然而然，它自己就會被關閉起來，也不用勉強自己去關閉這個功能。

178、唸什麼咒語，可以使靈界朋友遠離我們？

有讓靈界朋友害怕的咒語是「嗡阿吽」，唸法「ㄨㄥ～ㄚ～ㄏㄨㄥˊ」，漢語拼音om~a~home，如果感覺莫名起雞皮疙瘩，感覺好像磁場怪怪的，就可以唸上面的咒語，簡單好記，可保自身平安，又能驅離靈界朋友。

179、小孩子的體質容易見到靈界朋友？

小孩子的體質，在三歲前，天靈蓋尚未關閉，所以較容易看到靈界朋友，但是不一定看到的就是先人、祖先，因為一般的靈界朋友，多數都是年紀大的靈體居多，小孩子或許無法判斷是誰。

因此不一定都是自己的先人長輩，如果發現小孩子有經常對著空氣、牆壁對話、盯著看時，建議必要時可請老師協助，藉此改善小孩子特殊的功能，也能協助家人不必要的困擾。

180、靈界朋友也會心生誤會而怨念？

分享一個處理過的特殊案例，已經往生的A女，因為誤以為老公新交往的女性朋友U，沒有好好接納自己的女兒，而心生怨念，不僅先去糾纏U女的閨蜜，在閨蜜找宮廟處理完成後，居然換跑來糾纏U女，大家一定覺得奇怪，幹嘛先去糾纏閨蜜，這裡就不解釋，因為不是今天要分享的重點，在U女被糾纏時，剛好找上我們協助，就來說說處理的過程。

當初找到我們時，簡單先跟我們說了過程，老師請U女先自拍，然後看過照片，確認真的有被A女跟著，當下並沒有讓U女知道實情，只告知她，請她放寬心等我們過去處理，免得我們還沒去處理就心生畏懼，隨即就安排時間前往處理。

處理靈界朋友的方法，一般分為兩種，一種是強硬作風，就像大家看過許多宮廟的八家將，他們就是以非自願的方式，強制將靈界朋友趕離祂們所在的地方，另外一種就是用談判協調方式，這一類要花比較多時間溝通，讓靈界朋友自願離開，其實許多老師都希望速速解決，以節省時間，殊不知，若不是自願離去的靈界朋友，祂們終究會再回來的。

而我們的處理方式，則是以較溫和的態度來做，盡量採取溝通討論，看看靈界朋友的需求，然後答應做一些功德給祂，讓祂願意自動離去，也免得日後又要再來處理。

接著我以記錄者的角度，來說明當天所看到的非自然現象，首先老師先跟U女聊天，其實是要說給A女聽的，讓U女說明其實是A女的女兒種種不禮貌行為舉止，造成u女無法接受和A女的女兒相處，就在冗長的討論過程後，A女釋懷了，或許是基於嫉妒的心理，一度A女還不願意離開U女身邊。

老師使出渾身解數，透過五色線，要將A女從U女手指頭拉出，老師居然拉到面紅耳赤，而我在旁邊看，覺得為何只是圈在手指頭上的線圈，居然無法順利掙脫指頭，此時的U女也因為疼痛，眼淚都要飆出來了。

最後才順利地從指頭拉出A女，請她坐在準備好的椅子上，老師再誦經做功德給她，希望她能在得到功德後，自願離開U女，不要再糾纏下去，至少誤會解開了，就在最後階段，要請她離開的時候，老師請我幫忙拿一個燭火法器，站在窗邊，這時看著老師請她出去的手勢，我手上的燭火火焰竟然同時像是風吹燭火一樣，都向窗戶方向倒過去。

然後才又像是沒有人吹氣一樣，燭火全部又回到直立的狀態，這時老師說可以了，她已經出去了，窗戶可以關起來。

此時再問U女的感覺，頓時她覺得眼睛看東西變清晰了，之前好像都會有一層保鮮膜在眼前，現在則是完全清楚了，最重要的是身體也覺得沒有那麼有壓力，整個人也輕鬆許多。

說真的，如果委託人願意讓我拍攝，相信一定比我用寫的來得容易說服大家，大家可以試著想像一下，只是兩個鬆鬆的線圈套在指頭上，照理說，可以很輕鬆就扯下來，對吧，可是當時情況，確實是怎麼也扯不下來，甚至老師用力到面紅耳赤，而被拉著的人指頭更是像被磁鐵吸著一樣，硬是被繩子拉扯著，我就在旁邊近距離看著，真的不可思議。

世界之大無奇不有，遇到科學無法解決的問題，可以試著尋求其他傳統玄學處理，還是那句尊重傳統，不要迷信。

181、夜跑，靈界朋友跟著一起跑？

夜跑，相信是很多上班族下班後的運動習慣，然而，也有人一個不小心，跑著跑著就順便被靈界朋友跟著一起跑，一次還三個呢！

首先跟大家分享一下靈界朋友的真實情況，因為我們都被暫時停止呼吸、鬼滅之刃電影給影響，以為白天太陽出現，靈界朋友就會魂飛魄散，其實並不會，只是祂們剛好跟我們陽間的人作息相反，祂們大都是值大夜班，晚上才是祂們活力十足的時候。

當然，陰陽兩隔，沒有什麼特別的事，祂們也不會莫名其妙的擾亂陽世間的人，畢竟各行其道，也是彼此之間互相要遵守的默契，只是跟陽間一樣也會有不遵守紀律的，這時候，祂們就會找氣場比較弱，也就是精神狀態比較差的，然後趁虛而入，跟著這個人，我們可以稱這個被跟的人是宿主。

祂們跟著宿主有什麼好處呢?當然就是為了獲取功德，通常會被跟到的宿主，都是比較有福份，或是經常行善做好事的人，靈界朋友會跟著他們，無非是想要趁機得到功德，也就是說，當這位宿主做善事時，就會獲得一些功德。

此時跟在身旁的靈界朋友，就可以順便吸收溢出來的功德，來讓自己可以早日投胎轉世，並減少自己在地府服刑的時間。是不是很有趣，就好比宿主吃燒餅，祂們就撿掉在地上的芝麻粒，也是開心的。

這裡也順便說明一下靈界朋友如何再去投胎轉世，一般我們看到農曆七月做法會，一定以為一次的法會就足以讓先人或靈界朋友可以投胎轉世去，其實不然，就像電動遊戲的概念，必須完成一定積分後，才會達到所謂功德圓滿，然後才能前進下一關，懂了吧!

說一下什麼樣的人最容易被靈界朋友跟著，主要是運勢低落、晚睡、夜遊、夜跑、去醫院、上夜店，或是傍晚去爬山，這些都會是最佳宿主，一旦被選為宿主，就會莫明感到疲憊、心情低落沮喪，身邊的人就會覺得你很怪，甚至覺得你脾氣變古怪，也可以說就是一般所謂的被煞到。

這時候可以做兩件事，一件事是自己去正廟裡待個15分鐘，看看靈界朋友會不會因為受不了廟的神力而離開，如果沒有效果，那另外一件事就是尋求有能力的風水師，或是有神明加持的宮廟協助處理，不然，時間久了，一來運勢會變差，二來身體也會漸漸出問題。

講了這麼多，原本要說一個實際處理的個案，看來也不用再說太多，因為該說的都說了，這裡就簡單帶過，故事就是一位朋友，習慣晚上下班後在河堤跑步，某一天，他老婆突然覺得他老公整個人變了，性格跟之前不一樣，眼神也不太認識的感覺。

因此尋求我們協助，老師只看他的近照，就知道他被三個靈界朋友跟著，我們有請他先到附近正廟待個15分鐘以上，然後再拍照來看，結果還是一樣被糾纏，我們只好出動協助處理，事後他整個人就覺得輕鬆多了，難怪他自己說，最近老是覺得很累，以為是夜跑的關係，正確來說也是夜跑引起的，只是並非運動累，而是被靈界朋友跟著很累罷了。

這裡有一個小叮嚀，如果白天有時莫名覺得沮喪，建議下班或是找空檔時間去正廟待個15分鐘，或許就能改善沮喪的心情，不妨參考看看喔！

182、頭七，亡者會回來家裡看看？

傳統上「頭七」亡者會回來家裡看看，有什麼方式可以知道到底有沒有回來呢？聽說可以撒石灰，看到腳印、手印之類。

現代的亡者不一定頭七才會回家，有時候往生的當天、當夜就會回家探望家人。

所以，頭七只是一個習俗儀式，不一定真正等到頭七亡者才會回家！

不然像現代的做法，多數往生者三天後就火化，傳統頭七的習俗，基本上就沒有那麼大的意義了。

183、不幸意外事件，為何拿亡者的衣服？

這是「招魂」儀式！人有三魂七魄，三魂之中有一魂是「覺魂」，會有感覺與情感存在，可以遊蕩於人間，當親人在呼喚時，拿著亡者熟悉的身物，會隨之感應而來，讓失蹤的大體順利出現在尋找人、親人的眼前。

184、人的三魂是什麼？

人有三魂七魄，什麼是三魂？有生魂、覺魂、識魂，當一個人往生後，覺魂就是附在神主牌上，又稱為「香魂」；生魂就是附在骨頭上，又可稱為「骨魂」，而識魂就是第一時間下地府的，擁有輪迴意識及累世的記憶，也是人最終重新投胎轉世的一魂，人一生的功過賞罰，就是識魂來決定未來的方向。

當我們在祭拜祖先時，對著神主牌，或是骨灰罈，祂們的識魂也會感受到我們的情感，當然，最終當祂們去投胎轉世後，這些祭拜儀式其實也沒有意義了，只是單純對先人的思念而已。

因此我們對家人的愛一定要及時！

185、靈界朋友附身之處理？

被靈界朋友附身，沒有親眼看到是絕對無法理解的事情，電影、電視大家都看過，都認為那是假的，然而現實生活中，確實有這一類的事，多數被附身者，都會突然變成別人的聲音，說著聽不懂的話，行為舉止完全變成另外一個人了，甚至無法受控，這一類的人，通常都是身體裡的一扇門沒有關起來，也就是擁有通往靈界的開關，嚴格說起來，有些靈界朋友會一直在尋找可以看見祂們，聽到祂們說話的人，這樣祂們就可以藉由這些人來完成自己的願望。

然而陰陽兩隔，正常人一旦被附身頻率次數多了，一來影響他的日常生活，甚至工作都會沒了，因為何時要被附身，你也無法知道，二來身體狀況也會大大變差，精神上會衰弱，進而影響健康，如果可以，一定要請宮廟師父、仙姑幫忙，或是有能力的老師，否則一旦被送往醫院治療，通常都是當作精神有問題處理，然後就是打鎮靜劑，長期被當作精神病人照顧，是沒有辦法真正解決問題，想想如果被當作精神病人治療，是不是很冤枉呢？

這裡說一下處理的一個真實案例，手搖飲料店的一位妹妹，就是經常莫名會被附身，曾經在店裡工作，只是中元節拜拜就被附身，還兩三個排隊上身，不然就是去殯儀館親人告別式，也被其他靈界朋友上身，太多次的經驗，讓她非常困擾，她也想回復到正常生活方式，因此在緣份之下找到我們。

她也願意老師將她與靈界連線的開關關起來，老師也跟她說，日後，如果再感覺到有靈界朋友要進入身體時，趕緊唸「嗡～阿～吽」，並在心裡跟祂說，請不要再來找我，我不想再當祢們的傳聲筒，一段時間後，靈界朋友就不會再來了，當然自己也要少去宮廟走動，也盡量不要去夜店，讓自己精神狀態保持在最佳境界，這樣就可以確保不再有靈界朋友上身了。

世上總是有科學無法解釋的地方，一旦遇到，除了尋求科學正規方法處理外，萬一還是無法改善症狀，建議可以找找玄學方向來看看，也一定要找正派的老師或師父，或許可以找到方法解決。

186、看到有靈界朋友，順手把問題解決？

風水師的工作，除了大家知道的看住家格局，找找看哪裡煞到，運勢有沒有被擋住，財位在哪裡，家人健康有沒有問題等等。

其實經常是到達現場，才又發現有其他問題，也只好一併處理，畢竟我們是非傳統的風水命理專家，秉著做功德的心，委託人好，我們也是能得到幸福的。

通常我們到達現場，就先由老師將整個環境走一遍，順便也聽聽委託人的心聲，邊走邊看邊聽，也看看外在內在有哪些煞氣，先記錄下來，才知道待會兒要準備多少五帝錢來化煞，因為要化煞的五帝錢，必須由老師以結界持咒、唸經加持的方式才有效力，五帝錢也才能形成一個無形的防護罩，將煞氣給化解掉，等這些五帝錢掛好後，再由老師巡視，最後也會留時間讓委託人來諮詢心中的疑問，若圓滿順利，就收工離開。

這裡說說一個委託人的家，多數時間僅有老媽媽一個人住，房子裡也還有留房間給在外地的女兒，她女兒的房間就像一座倉庫，滿滿的物品堆滿各個角落，甚至連廁所都是滿滿的物品，所以廁所不再使用，也因為沒有封起來，就形成了風水上的一個穢氣煞，因為廁所會散發出化糞池的氣味，以科學角度來看，也是不健康的。然後老師發現，廁所裡居然住了一位靈界朋友。

這裡先跟各位說明一下，所謂的靈界朋友，其實就像我們陽世間的街友，祂們如果沒有去該去的地方，就會找一些陰暗潮濕的環境，然後就住下來，其實他們多數不會害人，只是陰陽兩隔，祂們的氣場是負能量，久了就會影響住在這裡正常人的氣場，接著運勢、健康就會跟著不好了。

當下老師看到就一併處理，請靈界朋友離開，這時候一定還有人會問，祂離開後會不會再回來？萬一跑去隔壁怎麼辦？

首先再跟大家說明一下，老師的門派是以溝通協調來處理，只要祂自願離開，就不會再回來，之後老師也會再做一個結界來防護這個住家，不讓其他靈界朋友再來，當然跑到隔壁也是有可能，但就不是我們的問題了，是不是有點自私？其實這是一個很複雜的問題，舉例來說，就算在陽世間，我們將一位街友請離開我們的家裡，他要去哪，也不是我們能左右的，他要跑去隔壁，我們也沒辦法阻止呀，對吧！

最後任務圓滿結束，我們也沒有跟住在家裡的老媽媽說這件事，既然已經處理好，就當作沒發生過，也不要讓她一個人住在房子裡，心裡有任何罣礙。

這就是我們出任務的日常，也不會因為看到有靈界朋友而坐地起價，我們都會順手把問題解決，讓委託人的房子能夠氣場順、能量好，住起來也能平安，這樣我們就很開心了。

187、生命的最後終點，簡單隆重就好？

土葬、塔位、環保葬，對後代子孫來說，真的會有影響？

其實在風水來說，除了土葬會對後代子孫有深遠影響外，其他的方式都不會有任何影響，更具體來說，如果先人撿骨儀式完成後，這塊墓園的風水，也就跟著消失了，也不再有風水上的影響力。

這是因為墓園有磁場能量的變化，也就是風水常說的氣場，既然有這層關係，當然對後代子孫就會有間接的關聯，所以古人才會對於身後事的地點看得如此嚴肅，就是知道會對自己子孫有深遠影響，才會窮盡一切都要尋找最好的地點。

然而現在的社會，大家都在提倡環保，也盡量簡單化，而且別忘了前面有說明，除了土葬外，其他方式都不會有風水上對後代子孫的影響，這樣就更能符合現代人的需求，法鼓山聖嚴法師，就是大力提倡樹葬的觀念，相信只要每個人都心存善念，也就無需擔心任何的業力法則，一來可以活得更自在，二來也能讓後代子孫不需再背負傳統枷鎖的束縛，這才是最好的生命教育。

188、生命禮儀儀式，頭七及尾七就好？

傳統上每七天必須做儀式，七七四十九天才算圓滿，究竟是否需要？

首先說明，人往生後，並不需要七天後才會回家，而是當晚就會回家看看家人，因此，按照這樣的邏輯，傳統上的每七天的儀式，是不是就沒那麼必須了，對吧！

其實做那些儀式，絕大部分都是活人為了補償自己對往生父母的情感，認為這麼做可以讓往生父母不因此留下遺憾，或是怨念，當然也可以說是希望往生父母可以放下一切，前往該去的地方，不要留戀在人間。

然而正確的方式，應該是父母在世時，子女盡孝，不讓父母擔心，這樣比事後做再多的儀式，都能讓活著的人，以及往生父母，彼此都能得到更多的祝福，活著的人的心裡無遺憾，往生父母，也能無牽掛地離去。

因此對於是否應該舉行七天的儀式，其實建議一切從簡，不需要鋪張浪費，若是家中還有長輩，可以做個頭七及尾七就好，至少也能讓父母的親朋好友有機會再聚在一起，聯絡一下感情，其他儀式能免則免了，對往生者來說，意義不大，這裡建議參加廟宇或是塔位公司舉辦的法會儀式，反而對往生者可以有獲得功德的機會。

189、神主牌像是祖先的戶口名簿？

神主牌上面的字，正確很重要，它就像是一個人的戶口名簿，資料不正確，是無法入戶口的。

曾經處理一件對年要合爐的案子，原本很單純的將祖先牌位後面的板子請出來看看資料，再重新刻印未入住的先人名字上去，等待對年時辰，再舉行祭祀儀式請入神主牌，就算完成對先人的孝心敬意。

委託人知道老師可以與靈界溝通，因此請老師順便看看，已過往的妻子是否有順利入住祖先牌位，結果老師說並沒有看到這位過往妻子入住，順勢拿出牌位仔細看，才發現是字刻錯，那當然無法召喚亡者入住，牌位正確寫法，男性是寫考，女性是寫妣，結果這片是將考妣都寫上，那就不正確了，記得前面說的，資料錯誤就無法入住，等於說，這些日子的所有祭祀儀式的功德，都無法迴向給亡者，但是也不用太擔心，至少還有納骨塔的塔位可以入住，不至於流連在外。

委託人得知此事，內心相當自責、難過，老師也有跟他開示，請他務必不要罣礙，因為既然已經發現問題癥結，趕緊重新製作新的牌位，再擇日召請入住神主牌內，繼續讓家人奉祀祭拜，一切都不算太遲的。

就在接到任務後，我們趕緊聯絡佛具店，請他們盡速製作正確牌位，老師擇出最近適合的良辰吉日，我們請委託人準備水果、蛋糕、茶水，以及亡者生前愛吃的食物，由老師來進行召喚儀式，重新請入神主牌，過程中，首先先跟家中神明上香稟告，接著請示祖先們是否願意讓這位媳婦入住，得到應允後，開始將這位亡者從納骨塔處召喚來，現場還準備一張椅子，就是讓召喚來的亡者可以坐下，聆聽家人為她誦的經文，迴向功德給她，彌補這些年無法回家接受家人祭拜的遺憾，就在誦了五遍經文迴向後，老師搏杯請示這位亡者，是否願意入住牌位，在搏了七次後才願意入住，總算圓滿完成任務，終於讓委託人可以放下心中罣礙。

祖先牌位一般人也不會去動它，甚至一年也就清囤日可以清潔，沒事也不會打開後面，拿出牌位來看，換個角度想，或許就是緣份，委託人才會剛好遇到老師，也才能發現問題，順利圓滿解決，一切都是冥冥之中自有安排。最後還是一句「尊重傳統不要迷信！」

190、處理帶天命，第一次處理紀錄？

這是一個處理帶天命的個案，連續出兩次的任務紀錄，原先以為已完成，卻沒想到帶天命的人，若是從小沒有受到妥善對待，其實不只容易被外在靈界入侵影響，心理層面更是會受到傷害，而深刻留在潛意識裡，造成所謂精神人格上的分裂。

這也是目前社會上沒有重視的一個問題，希望藉由我們的分享紀錄，日後大家有遇到，或知道周遭朋友有這樣情況，請多一些包容的心，並試著跟他們聊聊，不要一味的認為他們幻聽、幻覺，或許他們的頻率是接收到我們看不到的東西，傾聽、陪伴、包容，再試著尋求真正有能力的玄學專家協助，西醫治療是最後的方法，這樣才是真正對這一類的人來說，是幫助他們走向正常生活的方式。

最近接受一個任務，就是處理一般人認為一直對著空氣說話，或是說有看到莫名的人在騷擾他，還是說經常看到黑影或其他我們看不到的人，甚至出現異常舉止，通常就是找宮廟看看，或是送醫治療。

如果沒有尋求正確的處理方法，送醫治療將會造成孩子一輩子的不幸，因為這一類孩子會被認為就是幻聽、幻覺精神分裂，必須靠藥物控制讓他們鎮靜下來，卻不知他們其實身體是很健康、很正常，只是遇到科學無法解釋的問題，所謂的帶天命，也就是可以通靈的體質，做所謂神明的代理人，一般人成為乩身。

因為身體沒毛病，卻硬要靠藥物來控制他的行為舉止，會因為藥物副作用，而造成孩子身體受損，反而得不償失，容易造成身體終身影響。

這類帶有天命來投胎的孩子，因為身、心、靈還未健全發展，此時父母應當有耐心多鼓勵，並帶孩子多去戶外走走，多接觸人群，使孩子的身心能適性發展，回歸正常人的生活，並協助孩子完成學業，等待成年後有自主意識，再由孩子自行決定是否要走修行的道路，完成自己這一生所帶來的使命及任務。

最後我們順利完成任務，小孩子的狀況當下也有顯著改善，建議他的父母，可以試著帶他及家人一同出遊，讓他慢慢增加自己的自信心，可以重新控制自己的能力，也能恢復正常生活。

後記，當天並沒發現有靈體附身，因為靈體也是會躲藏，到處遊走，甚至有些靈體知道有能力的老師會來，祂們都會先躲起來，在我們離開後，隔天，這個個案居然被動物靈附身，表現出非常人的行為舉止，老師得知狀況，決定隔日驅車下去處理，也就有第二次的任務紀錄。

191、第二次帶天命，深度處理紀錄？

這是第二次處理，無償地協助處理靈界朋友，動物靈，也發現前面說過的，帶天命的人，因為從小沒被發現有這樣的特質，以致於遭受到身邊人的言詞暴力傷害，才造成這個個案令人心酸的潛意識與回憶。

在處理這個個案的過程，還得知他的前世分別為「西藏喇嘛、藏區氂牛」，因此他能正確無誤的發出梵語的腔調，個案智商相當高，只經由老師口述教學一次經文，便能過目不忘，用標準的梵音吟唱出經文心咒，甚至老師拿出轉經輪給他，也能正確的旋轉與使用。

由於還有前世的藏區氂牛記憶，個案在徬徨無助的時候，會發出牛的叫聲、牛的動作，精神緊繃時，甚至不斷地用手指戳著脖子，顯示出前世被宰殺的傷口及疼痛，老師試著抓住個案的雙手，使其不再重複這樣動作，然而效果有限，必須要消除前世被宰殺的潛意識，才能改善他不斷重複戳脖子的動作。

處理了將近四個小時，最後在所有外在靈體都離開後，才發現個案的記憶深處，累積了今生成長過程的不滿、傷害、壓抑，個案也不斷用不同人格、姓名、性別、角色切換方式，自言自語、自我對話，訴說內心深處的不滿及壓抑，說出自己內心曾經受過的傷痛的苦楚及無奈，這些表現不再是被外在靈體的影響，而是人格與精神上的問題。

這次的處理，深深發現這一類帶有天命的個案，其實需要的是被理解，被包容，還有家庭的溫暖，家人的鼓勵，最重要的是父母要能及早發現這不是生病，這樣就能避免發生這樣的事情，然而也不遲，找到問題的癥結，只要花費更多的時間心力來協助，一定可以恢復並回到正常的生活狀態。

192、有開天眼的人其實很辛苦？

很多人都羨慕有陰陽眼的人，認為可以看到另外一個世界，很酷，也因此就跑去開天眼，以為這樣可以交到更多朋友。

擁有這項特殊功能，也必須搭配自身的修行，才能發揮作用，畢竟，另外一個世界，多數人是看不見也碰不著，可以說是真正的平行時空，誰也不會干擾誰。

可是當你的特殊技能被祂發現你懂祂，有些就會想找你協助，傳達或是完成祂的願望，甚至無時無刻跟著你，當你無法拒絕，或是好好跟祂溝通，接下來就是災難的開始，你身邊的朋友都會以為你生病了，因為你一直在自言自語，然後晚上也會因為祂一直在跟你講話，白天工作就沒精神，讓自己身體作息都亂了，只因為你不懂拒絕或是跟祂們溝通，就造成自己身體、心理一團亂，這樣有很酷嗎？

當然有人會認為自己有辦法控制，可是別忘了，一開頭說的，除非有修行的人，懂得如何去使用這項技能，否則就是災難的開始，輕者朋友家人越來越疏遠，重者精神耗弱，無法正常生活作息。

看到這裡，應該增加大家對於陰陽眼朋友的認識了，也不要羨慕他們，往往他們也有苦衷，例如在外面上個廁所，可能就看到旁邊有個祂在看他上廁所，他還要裝作沒看到祂；也有可能哪天你的陰陽眼朋友突然不跟你說話，過一會兒才告訴你，你剛剛旁邊坐了一位祂。

套一句通靈少女的台詞，帶有天命的人，才會為神明服務。但是也有不為人知的辛苦的一面！

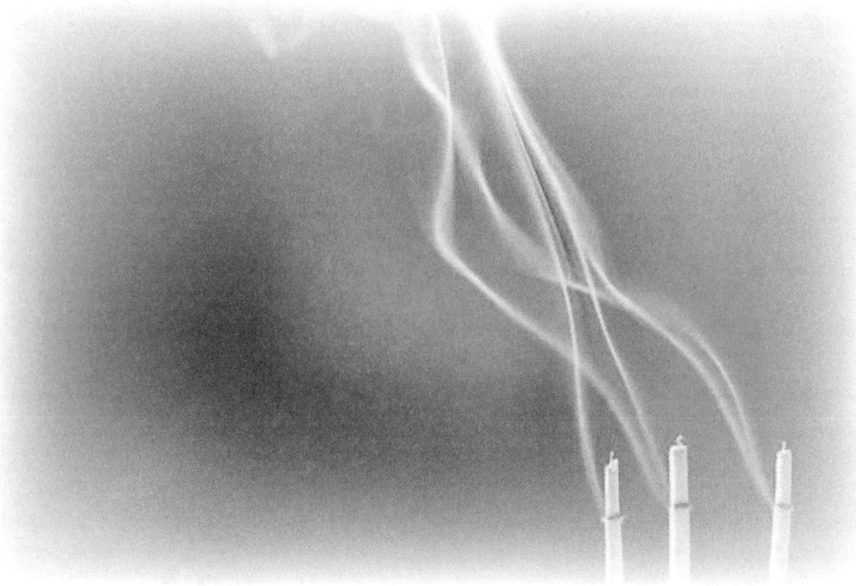

第五章 招財納福

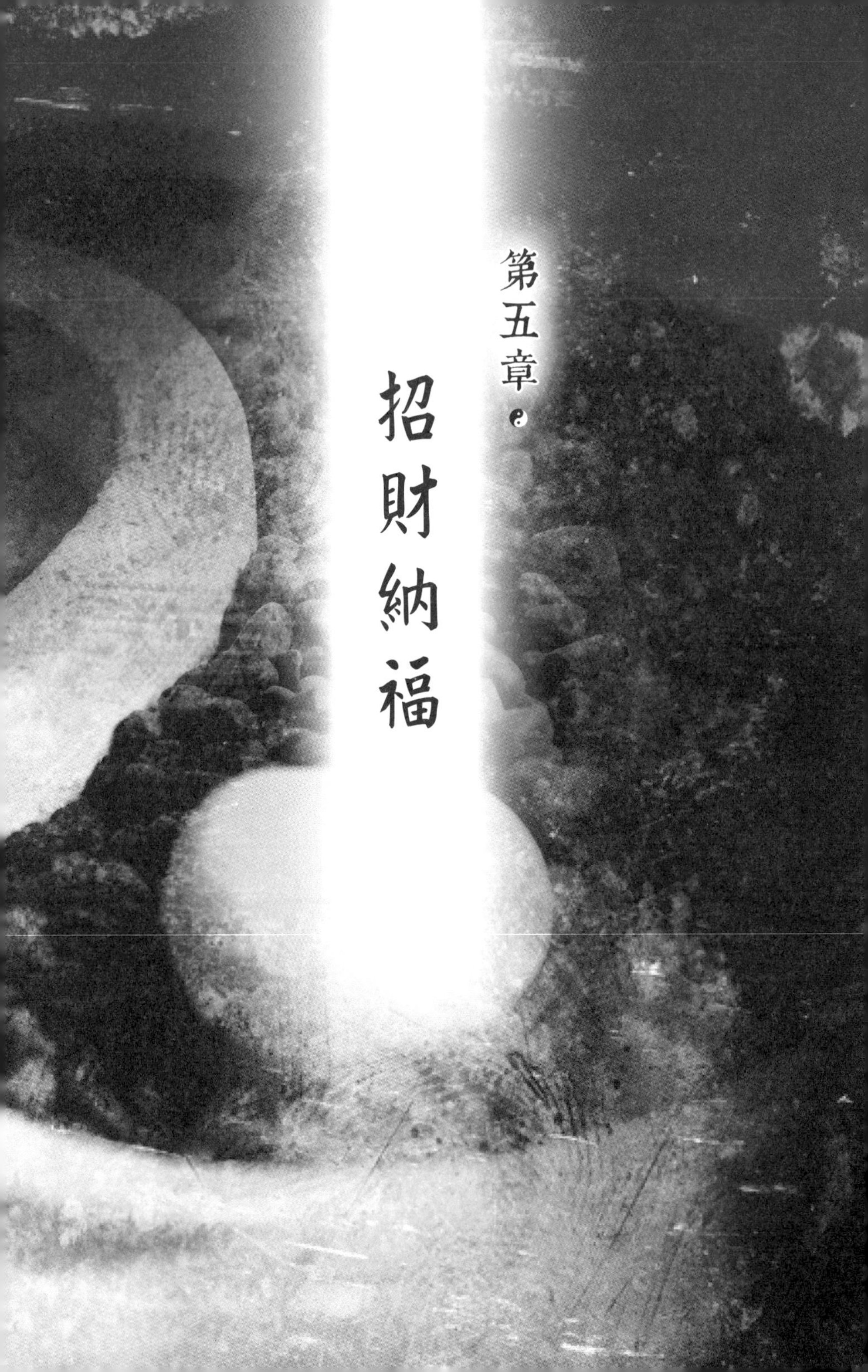

【迎財神招旺財】

193、大年初四，家中如何迎財神？

迎財神程序：

大年初四的晚上11點，準備迎財神，要守歲一小時。守到凌晨12點1分過後初五時刻，就能順利迎接五路財神。

準備程序如下：

1. 居家大門敞開，可以讓財神能走進家來。
2. 門前準備一張小桌子、一張椅子讓財神進來輪流坐。

3. 桌上放「喜糖、花生、開心果、寸棗、甜湯」，及將家中明、暗財位的聚寶盆一併放在桌上。

4. 一壺熱茶、五個小杯子，迎接五路財神。

全家齊聚客廳，做自己喜歡的事，等待五路財神爺的光臨。到了初五，可以將桌上的明、暗財位的聚寶盆，夫妻倆各自拿起來，搖一搖，出現噹、噹、噹的響聲，代表今年會財源滾滾而來，完成迎接財神的任務。

194、每年迎家神日，該如何迎神？

每年農曆12月26日迎請神明回來的準備工作如下：

1. 準備一樣水果。
2. 一種餅乾。
3. 一盒喜糖。
4. 三杯清茶。

然後點上一炷清香，誠心祈求，神明就立刻回來神明聽了。

195、過年期間走廟能帶來好運嗎？

大年初一至初五的聚財能量是最強、最旺的時節，適合全家一起去走廟、走春、拜訪親朋好友，也能凝聚好財氣、好能量、好運勢，還能順勢將前一年不好的運氣一掃而空，迎向全新的一年。

196、財神廟借發財金，需要注意什麼？

向財神廟借發財金，一定要先上香請示神明，然後擲筊後，有一聖杯，即可借發財金。

如果是連續七次擲筊，都沒有聖杯，就不建議借發財金。

當順利借到發財金後，一定要拿發財金去香爐繞三圈，感受財氣加持後，再回主殿向神明道謝，記得一年後要回來歸還發財金。

197、拜虎爺的廟換錢母，該如何處理？

向虎爺換錢母，以相同等值的錢幣交換廟裡提供的錢幣，拿到後，記得將錢母和廟宇中有金元寶，或土地公、財神爺手上的金元寶相互摩擦，然後將財氣用紅包袋裝著，帶回家中財位擺放，供奉到元宵過後，把「換錢母」和自己的錢幣湊到吉祥數字100、666、888，存進自己戶頭的銀行，就會產生好財運一整年！

198、廟宇求到的金幣，該如何放置？

大年初一到初五，到廟裡祈求到金幣後，一定要拿去香爐繞三圈，讓財氣加持後，記得向神明、土地公、財神爺道謝，然後帶回家中的「明、暗財位」擺放，可以旺運、聚財一整年。

要記得每年要用當年的金幣，才能產生好運，帶回家的過程，要用紅包袋包起來，回家途中，不能拿進廁所喔！不然充滿財氣的金幣就會失效。

199、過年期間，如何向神明祈求好財運？

春節期間的旺運，最強是初四晚上到初五的一整天，這也是接財神、接財氣的好日子、好時辰。

建議大家先上網做功課、安排路線、廟宇的地點，初五一大早就出發，避開塞車的路段，只需要安排一家財神廟、土地公廟、五路財神廟……即可，不需要每家廟都去，最好在上午11點前順利祈求好財運，就能輕鬆愉快地接到好財氣，趕緊拿回家裡的財位供奉，就能一整年旺財又旺運。

200、借發財金忘了還願或還錢，可以嗎？

順利借到發財金後，如果有感應到累積財富、賺到比發財金更多的財運，一年後，可以斟酌自己的財力，多歸還一些，或是捐些香油錢，讓廟宇能有香火繼續為人們服務。

如果沒有在一年內回去還願還錢，請先向自己住家附近的土地公、財神爺稟告一聲，等有空及安排好時間，再去當初借發財金的廟宇歸還。

像去知名廟宇，請到金雞母、金蟾蜍、金孔雀、金豬、金牛…等，忘了一年後回去還願，絕對不會有不好的事情發生，這些招財物，只是失去聚財氣的效力而已，不用太擔心。

所以，建議每年帶招財物回廟宇還願、再淨化、再累積財運，這樣才能年年財運滿滿、吉祥又旺財。

201、迎財神儀式，財神爺真的會來訪？

記得一月初，有一場入厝儀式，我們先列清單，請委託人準備，在吉時祭拜儀式開始後，焚香祝禱恭請財神爺大駕光臨，然後就繼續準備其他相關儀式用品時，老師突然說，財神爺要離開了，趕緊帶著委託人前往門口，恭送財神爺離去。

儀式結束後，私下問老師，財神爺穿著打扮如何，老師說跟畫冊裡的一樣，穿紅色衣服，只是這次來的沒戴官帽，而且只來三位，沒有來五位，他也覺得納悶，因為一般應該會來五位才對，我算了一下時間，大約逗留十分鐘左右的時間，就匆匆離去，或許又趕去下一攤。

這是一種民間習俗，就像我們常說的，尊重傳統，不要迷信，凡事以善為出發點，心存善念，老天爺就會幫我們，只是這種儀式，隨著時間推移，沒有人延續正確資訊，就會減少接到財神爺的機會，少了讓家裡的財位增加財氣的機會，至於能不能因此發大財，還是需要看每個人的福報，福報夠了，自然就有加乘的效果，如果福報是零，即便財神爺帶來 1000 萬的福份，乘起來也是零，對吧！

這裡分享該如何請財神爺入家來，可以這麼說：大年初五良辰吉時，信徒某某人，家住某某某，準備糖果、餅乾、蛋糕、汽水（或茶水），還有水果，恭請財神爺享用，並請財神爺大駕光臨，讓我們家能夠蓬蓽生輝，增加財氣，虎年能夠家裡旺旺旺，給它旺個一整年。

宗教信仰都是希望大家行善積德，有捨才會有得，即便是小善，也是有它的效益存在的。最後希望大家過新年，都能請到財神爺來家裡走走看看，多增添一點財氣。

202、神明與祖先各是需要什麼？

神明，只需要你「點香」以及「感謝」這兩件事。

祖先，需要子孫「誦經」以及「迴向」這兩功德的消業滅罪。

會夢到祖先說祂錢不夠用？其實是子孫們對先人的思念與覺得未盡孝道的彌補，可去佛寺安排誦經，做水陸法懺的儀式，迴向功德給先人、祖先，讓祂們早日脫離地府的苦難，才是正確之舉。

203、清囤日、送神日，要如何進行？

教大家這樣做，能輕鬆自在的清囤與送神。

我們都知道農曆12月24日是清囤日，也就是俗稱的送神日。當天上午準備糖果、餅乾、茶水，跟神明上香後，並告知今天要清囤，15分鐘後即可開始整理神明廳上面的物品，幫神明清潔，清香爐腳，過多的香灰用湯匙舀起來就行，切記，請勿整個香爐拿起來用倒的。

最後必須保留三支香腳在香爐內，公媽龕清潔，桌面整理等等，當然每天仍然需要再上香。

此時的神明是回去天庭覆命，稟告玉皇大帝，在這處人家這一年的所有事情。

緊接著，農曆12月26日是迎家神日，一樣準備糖果、餅乾、茶水，恭請神明回來，這樣就完成接神的儀式了。

有沒有很簡單，不需要再像阿公、阿媽時代，準備一拖拉庫的三牲祭品，然後吃一個月也吃不完。

其實只要心存善念感激神明的保佑，神明並不在乎你準備什麼，也會無時無刻保佑住在這裡的人們。

備註：傳統習俗，正月初四是接財神、農曆12月26日是接家神。

204、提前清囤送神及接神儀式，一樣可以？

沒空在農曆12月24日清囤的朋友，可以提前一週的「週六、週日」進行清囤！

1.農曆12月份的某個週六、週日，任選一天清囤及送神。
2.準備一樣水果、餅乾來送神。
3.整理神明廳、清理香灰、擦拭桌面灰塵。
4.農曆12月26日之後的某個週六、週日，任選一天接神。

準備一樣水果、喜糖、茶水來接神。上香向神明一拜，15分鐘後，神明就會來神明廳了，一切就恢復平時上香、奉茶。

205、除夕至初六，每日注意事項？

1.除夕：

不曬衣服、不串門子、小心不要打碎碗盤、不說不吉利的話、有借錢要還清。

2.大年初一：

不洗衣、不洗頭、不拿掃帚掃地、不倒垃圾、不回娘家、不吃稀飯、不剪指甲、不借錢、不討債、不罵人。

3. 大年初二：

不睡午覺、不掃地、不灑水、不洗衣服、不倒垃圾。

4. 大年初三：

盡量在家，不外出拜年。

5. 大年初四：

不宜遠行出門，晚輩晚上11點後接財神。

6. 大年初五：

當天不動土施工，可到財神廟走一走，沾沾財氣與喜氣。

7. 大年初六：

安排出門活動、走大廟佛寺去為自己及家人祈福。

206、大年初一，如何讓當年帶來好運？

其實很簡單，說說吉祥話，早上一起來，先向父母請安，並為家人做早餐、全家人一起吃早餐，也就能帶來好運一整年。

207、初二回娘家，如何讓老婆娘家旺旺旺？

請簡單準備如下：

1. 一盒蛋捲，代表圓圓滿滿。
2. 五個小發糕，代表五方發財、步步高升。
3. 身上帶八個紅包，代表一路能發發發。
4. 向娘家的親人說吉祥話，代表一整年有貴人相助，事業滿滿！

208、迎財神過程，真實體驗分享？

大年初五零時的住家迎財神儀式，相信很多朋友都有實際行動，非常的好，能夠看到財神爺何時入家來。

但是深信根據老師門派功夫的指引方法跟著做，沒什麼損失，因為準備工作不是我們認知的傳統觀念，必須大魚大肉，滿滿一桌佳餚，大費周章，只需簡單的糖果、餅乾、蛋糕、水果及茶水，也無需焚燒紙錢，可以說是顛覆傳統印象，不是嗎？那這樣不就更有動力，可以試試看迎財神儀式，反正就是晚一點就寢，對吧！

這裡分享幾位朋友回覆給我的感受，不然大家都認為財神爺不會真的來，當然每個人的體質不同，能夠感受到的肯定不同，心誠則靈。

一位家中養貓的朋友，在迎財神儀式開始後，家中貓咪突然充滿活力，四處趴趴走，大約半小時後，突然像失去電力，安靜了下來。

家中的小黑狗也是在儀式開始後沒多久，原本趴著，突然站起來盯著家中財位一直看，甚至發出短暫低鳴聲（不是吹狗雷），之後還望向我們空出五張座椅的地方，感覺就是在看誰坐在椅子上，記得老師曾說，當財神爺進門來，嗅覺靈敏的話，是會聞到檀香味道的，不騙各位，我們真的有聞到，而且不是家裡燒香的味道。

以上分享這位朋友的對話內容，各位朋友就請參考看看，沒有準備迎財神的，明年可以考慮看看喔！尊重傳統、不要迷信。

209、拜地基主，能保佑平安順利嗎？

那天看到一間餐廳在拜地基主，不經意看了一下供品，居然是拜控肉，沒有雞腿，而且老闆娘還說，行之有年了，他們生意也依舊興隆，只是身體逐漸走下坡，關於地基主一定要拜雞腿還是控肉，哪一樣好呢？

拜地基主，是讓住宅、公司、店家能平安帶來好運。至於店家生意興隆，則是這家餐廳的料理受到大眾的喜愛，接受度高；而店家老闆娘身體逐漸走下坡，是因為太操勞，要多休息、多到戶外走走、保持運動的習慣；關於店家拜雞腿還是控肉，對地基主來說，沒有不一樣，只要誠心誠意，地基主就會保佑平安、順利。

210、元宵節需要拜拜嗎？要準備什麼拜？

看個人的信仰，不勉強拜拜，有拜有保佑。

如果想要祭拜的準備：

元宵節前一天晚上11點30分開始，在自家門口、自家神明廳進行祭拜。

供品：茶一壺、三個杯子、三種水果、一包喜糖、元宵小湯圓。

開始祭拜：

晚上11點59分一到，準備三炷香，向上天祭拜，12點1分迎三界公、補財庫的最佳時機。

三界公介紹：

三界公是指三官大帝，為道教中掌管天界、地界、水界三界之神，分別是天官、地官和水官，由於三位神明掌握三界間的一切行政事項，因此神格極為崇高，僅次於玉皇大帝。

211、謝神表演布袋戲，神明真的有看嗎？

表演布袋戲、歌仔戲、電影院，都是放給好兄弟及天兵天將看，神明並不會看的。因此，當廟宇酬神演戲時，非必要不要去觀看，運勢才不會受影響！

212、土地公生日，有什麼好建議？

土地公生日農曆2月2日，因為土地公喜歡甜食，可以多準備些糖果、花生糖、甜品及一壺熱茶。

店家可以準備當季的水果，讓生意更興隆。想要財運生意旺旺來，上香祭拜時，嘴巴甜一點，跟土地公說好話，拜花生也就是「發」的諧音，能讓生意愈來愈發愈旺盛。

213、清明拜土葬祖先要準備，才是表現誠意？

1. 三種水果。
2. 三樣糖果、餅乾。
3. 三顆水煮蛋。

4.三杯茶水。
5.蠟燭一對。
6.鮮花一對。
7.三個杯子蛋糕或三個小發糕。

若是三年以上的土葬舊墳，拜后土準備一樣水果、麵線、餅乾、三杯茶水。

祭拜土葬祖先時，全家人一同上香，茶水斟過三次後，最後將供奉的三杯茶水倒在墳前地上，是為「奠茶祭地」。在居家或靈骨塔祭拜不用這個儀式。

如果家中有增加子孫們，要告知祖先，有祖墳的，先稟告祖先後，將準備好的水煮蛋敲碎，並在祖墳面前剝開蛋殼，代表「新生、蟬蛻、脫胎換骨」，也象徵祖先對後輩的庇佑。

若是家中、納骨塔，不用剝開蛋殼，於祭拜後輕敲敲破蛋殼即可！

214、清明拜神主牌的祖先要準備什麼？

家裡有神主牌時，可以在家裡祭拜祖先，只準備水果、餅乾、糖果及茶水就行，因為人口簡單不多，準備一堆熟食也吃不完。

只要準備一些水果、餅餅、一壺茶，再來是一炷香，代表你對祖先先人的誠心、敬意！

就算沒有去墳前、靈骨塔祭拜，在家裡祭拜的誠意也是足夠的！

215、為什麼陰廟也能香火鼎盛？

陰廟一般來說都不建議去朝拜，可是仍然很多人會去，去了真的會不好嗎？像十八王公廟、姑娘廟、大眾爺廟，也都香火鼎盛，怎麼解釋呢？

陰廟也有它的信徒，只要信徒有所祈求，陰廟能夠完成信徒的心願，信徒就會相信十八王公、姑娘廟、大眾爺廟的靈驗，也因此會香火鼎盛。

所以無論陽廟、陰廟、佛寺、道觀等，只要是能夠滿足人們的期望與需求，都會吸引人們接近並前往上香參拜。

216、媽祖遶境，神轎會知道信徒許願？

一年一度媽祖遶境活動，在不怪力亂神的情況下，就是會有些科學無法解釋的神蹟出現，例如：誰誰誰生病，媽祖神轎居然會知道，然後去看看這位信徒，這在玄學裡，是什麼現象？

基本上，會去參加媽祖遶境的信徒，都是有所期待、有所承諾、有所需求的，所以遶境人群中，大家都期待媽祖神轎，能經過自己身邊，讓信徒能一睹媽祖本尊，順帶能讓家人平安、身體健康、豐衣足食等願望。

在玄學中，媽祖神轎並不會知道信眾的需求，能做的就是盡可能的接近每一位來遶境的信徒身邊，藉以達成他們心中的寄託！

【開好運小偏方】

217、時鐘懸掛順向，會累積好運勢及財運？

按照風水學來說，家中時鐘懸掛的位置，如同流水般不停地的攪動，能帶動家中的氣場、能量、財運、意念，能將好的磁場能量留在家中。

時鐘的指針式順財方向，必須是順時針轉動方向，不適合對著窗戶、前門口、後門口，會容易將財旺外送出去，也將家中的好氣場往外送。

時鐘懸掛的位置能順時針而行，自然會累積好運勢及好財運。

指針轉動方向，最好是能從窗戶、大門的方向接收財氣進來，會將好能量、好氣場全部給轉進來，自然會藏風聚氣，聚集宅內的財氣好能量。

218、增加招財氣場，應採用天然的材料？

增加氣場的物品，在材質上以「礦石、水晶、七寶、木材」等天然的材料來搭配，才能產生能量磁場。

塑膠實心之小神像公仔是無法產生磁場、氣場，也不能幫助我們需要改變的運勢與招財能量。

219、哪種印章，讓財運一路發發發？

印章有圓、有方，請問何時適用方的?何時適用圓的呢?

一般印章分成圓形、方形兩種。圓形印章代表「財源滾滾」；方形印章代表「鎮守穩固」。

圓形印章適用於開公司之銀行本、投資事業銀行本、經營副業、薪資所得的銀行存簿之使用，屬於流動性的財務。

方形印章適合在不動產、保險、合約或公司大印鑑，屬於穩固守成之用途。

再分享一個小祕密，圓形的印章用「小篆」字體，還能有小小賺、賺錢沒人知的意思。而印章的大小，建議用「6分」大小的圓印章，能讓你財運一路發發發。

220、朋友升官，建議送什麼有助運勢？

基本上，職位高升時送「聚寶盆、流水滾動盤、步步高升的竹節國畫」給對方，不僅僅喜氣旺，也能有提升旺運、步步高升的助力。

221、如何讓住院過程、陪伴家人平安？

醫院很多靈異事件傳說，如果有家人必須住院治療，有什麼方式可以減少靈異現象，讓住院陪伴的家人不安呢？

有三件事，可以進行：

1. 提前去佛寺、宮廟求一個平安符。

2. 隨身帶一本開光的小佛經。
3. 用紅包袋裝除障粉、神明前香爐的香灰，隨身攜帶。

以上就能讓住院過程、陪伴的家人更加平安。

222、毛小孩壽終正寢，如何不再輪為畜生道？

家中毛小孩壽終正寢，有什麼好建議，可以讓家人跟毛小孩都可以沒有遺憾，毛小孩去該去的地方，家人心靈也能得到撫慰。

建議安排火化，當家中毛小孩壽終正寢後，再請老師進行九品蓮花超薦，儀式簡單莊嚴，可以讓毛小孩跟著菩薩去投胎轉世，下世不再輪為畜生道。

223、艾草掛在門上避邪，是端午節的習俗？

端午節習俗要掛艾草保平安，難道說端午節是有什麼特殊原因，必須要使用到艾草，不然為何平日不用將艾草掛在門上避邪？

因為傳統端午節的習俗，用艾草、雄黃酒來避免五毒的入侵、靠近，也有象徵避邪防煞的效果。

端午節正好屬於炎熱的夏天，也是五毒滋生的季節，因此才會用艾草懸掛在門上，避免五毒入侵家中。

224、索取平安符，必須到大香爐過三圈？

廟裡都會備有紅色、黃色平安符讓信眾自由索取保平安，是有正確程序，才能啟動所謂保護的效力，效力會失效怎麼處理？

到廟裡索取平安符，一定要向廟裡的主神稟報，再到大香爐過三圈，用左手過香爐，就能啟動保護及平安的效力。

萬一褪色了，也不用擔心它會失去效力，除非弄濕及破損才會失效，還有記得每年必須回廟裡再過一次香爐，才能讓平安符繼續保有效力。

225、招財的植栽，如何提升居家運勢？

家中適合擺設招財的植栽，想要去買來增加自己的運勢，增加住家財運、補強主人財氣。

建議居家擺設的植栽，最好是大葉、常綠、易照顧、不易枯萎的小盆栽。

採用「金錢樹、發財樹」最具代表性，既發財又能財源滾滾，擺放在藏風聚氣的明財位上，能夠增加住家運勢、補強主人財氣，使得家中充滿綠意生機，看得心情好、精神好，當然居家運勢就一定好。

226、安奉兩物品，代表子孫的誠心與敬意？

神桌上的茶杯，老一輩有放乾茶葉祭拜，也有倒茶水祭拜，到底如何祭拜才能產生正能量？

神明、祖先受人們的祭拜，平時只需兩樣安奉物品：

1. 上香。

2. 茶水。

香代表人們的祈求願望及請安；茶代表人們的敬意及財水，而放乾茶葉，祖先與神明是收不到後代子孫的誠心與敬意。

茶水是通三界，天界、人界、地府都能因茶香而營造財源滾滾而來的福運、財水，庇佑恭敬奉茶的人們、後代子孫。現代社會也能溫開水代替茶水。

227、戴金尾戒，能成功約束小人嗎？

戴尾戒，傳統上是象徵約束小人的用途，但以健康、科學的角度來看，手指頭有末稍神經系統，戴尾戒會影響小指的血液循環，容易造成手指頭冰冷，不見得能約束身旁的小人，不建議戴尾戒。

左右手的意義，傳統上是男左女右的運行；但在這裡是代表戴手鍊的左右意念，象徵「戴左手：好運進、戴右手：壞運出」。

所以，要添好運則建議戴手鍊，而不是戴尾戒，手指頭有末稍神經系統受阻，是會影響健康的，也無法成功約束小人。

228、犯太歲要怎麼處理才能開好運？

兔年的農曆年一到，會有四生肖要注意，容易犯太歲：

1、值太歲：

當年生肖的本命年，例如「兔年」，主沖太歲。

影響：發展運、事業運。

化解：多說好話，手戴紅手鍊配飾。

2、破太歲：

當年生肖＋3個順位，例如「馬」，主破太歲。

影響：財運、多官司。

化解：準備貴人生肖「羊」吊飾，隨身佩掛。

3、沖太歲：

是當年生肖＋6個順位，例如「雞」，主偏沖太歲。

影響：諸事不順、投資理財。

化解：去廟裡安太歲、小額樂捐。

4、刑太歲：

是當年沖太歲生肖＋3個順位，例如「鼠」，主刑太歲。

影響：感情容易不順。

化解：準備隨身開運香包、玉佩吊飾，可掛車上後照鏡。

每年會有四生肖要注意「主沖、主犯、主偏、主破」太歲的處理，就能逢凶化吉，帶來一整年的好運勢。

229、放在神明桌上的筊要如何開好運？

神明廳上面的筊，神明、祖先一定都要有的，是有分誰大、誰小及材質也是有要求的？

神明聽的筊，有區分神明、祖先的，傳統上，神明一定要比祖先的大一點；筊的材質一定要天然木質實心，才會有靈驗及開好運的效果。

230、聚寶盆裡面可以有零錢就放進去嗎？

聚寶盆裡面，有人說要放滿錢財，象徵財富滿滿，依據老師多年的經驗分享，只需放置168元硬幣，不要放滿，甚至不建議有零錢就放進去。

168元硬幣，代表一路發的好意念！50元2個、10元6個、1元8個，能夠使委託人招到好財運。不放滿的意思，是留些空間可以讓財氣還有空間可以聚在聚寶盆內，如果裝得滿滿的，新的財氣就進不來了。

不建議將零錢一再地放入聚寶盆內，這樣會讓財運流來流去，造成財不聚，而時常為財奔波的問題！所以，切記聚寶盆安置完成，不可再添加任何金錢進入聚寶盆，如此才能聚財。

231、入新居的儀式可以自己來進行嗎？

入厝時間，若是沒有參考農民曆，或是請老師看日子，入住後會有什麼不好的影響嗎？

入新居的儀式可以自己來祭拜及進行，沒有請老師看並不會影響入新居的運勢。

但是，沒有依照農民曆的吉祥日子去入新居，容易產生散財、運勢不好的事情發生，入新居需要慎重選日，也是一個重要且可以祈福改運的機會，一定要依照傳統的入新居流程及建議，才能住進新宅後平平安安、吉祥發大財，甚至還能升官添福運。

232、沒去安太歲也能順心順意嗎？

每年沖到的生肖，都必須點光明燈，這習俗是根據元辰轉運的磁場能量，太歲當頭就必須照亮光明，當年才能平平安安、開好運。

點光明燈就是安太歲，照亮元辰、照亮當年犯太歲的生肖朋友們。

依據民間傳統習俗，每個12年間，都會有四生肖有「主沖、主犯、主偏、主破」太歲，會建議去安太歲，就能順心順意地度過每一天，不會有太多阻礙與逆境。

如果沒空去安太歲，也不用太擔心，平時只要「心善、人正直、不做虧心事」，也不會影響太多，保持平常心就好。

233、發財水索取回來，如何凝聚財位能量？

每年銀行或是宮廟都會有準備發財水供有緣人索取，要如何擺放才會有最大效益，索取回來的發財水可以飲用嗎？

發財水如果擺上三個月以上，並沒煮過，不建議飲用，因為水不流動，久了會有懸浮物，容易滋生病菌。

因此，從銀行或是宮廟取回來的發財水，記得將瓶蓋打開，放在「財位」上，藉以凝聚財位的能量，並可調節財位的乾濕度，產生順風、順水的能量，濕潤的空氣也可使家中的人精神好、活力旺盛，達到最大的功效。

【凝聚出好氣場】

234、風水好，也能順利工作及財庫？

風水是前人的智慧結晶，長久流傳，是統計學、色彩學、方位學、心理學、環境學之整合應用。

科學家有驗證，風水是天地磁場的延伸，順著風水，讓我們居住舒適，心情愉快，人也就不容易生病，家庭關係好，工作也能順利，財庫也就不會有問題了。

235、常說風水的煞氣，是如何影響人們？

煞氣是因有形體看得見、感受得到的氣場，對人體會產生威脅與不舒服，讓人們身體、心理、精神上、備感壓力！

例如：房屋外有電塔、電筒、電磁波輻射干擾；屋前直沖的馬路對著大門，危險的能量隨時而來；房屋大門直通陽台的穿堂格局，產生錢財隨時要送出去的念頭。

這些風水煞氣的形成、預防、改善，在科學上都已有驗證！

236、書店裡風水的書，自己買來看能懂嗎？

風水師能清楚理出能量、氣場、格局的相對有利位置。

能聚焦住家、商家、店面、公司等的問題及改善方法，讓居家住得安心，公司營業單位的人氣旺盛，店面達到財源滾滾。

市面上各類風水書籍，都是風水師的經驗分享，藉由文字解說，讀者可以參考調整自身需求；若是要更準確的調整，或許直接找適合的風水師，才是省時、省力的好方法。

237、自己拿農民曆選日子，可靠有用嗎？

為何按照農民曆上面寫的去做，有時仍然沒有得到預期的結果。

農民曆的編排是依照「天干、地支、五行、九星、生肖、沖煞、時辰、八卦、方位、河圖、洛書、二十四節氣」整理歸納的一本年曆參考書籍。

多數可以自行參考，就可以挑選到好日子、吉祥時辰，但一般朋友只會注意「不宜事項」的問題，沒有諸多方面的整體考量。

事實上還要加上當事人的「五行、生肖」等許多資料，才能精算出真正適合自己的吉祥日子。

238、財位擺放的禁忌，應該如何避免？

財位，風水書中都有介紹，為何照著做，好像也沒有效果？

1、**明財位**：不動方的牆後面不能是廁所、廚房，或是旁邊有大片窗戶。

2、**暗財位**：必須同時放入168元及寫上聚財人的相關農曆資訊。

3、**時空財位**：每年要換位置，九年輪替一次，如此才能年年有效力。

239、藏風聚氣，應該怎麼樣的環境氣場？

最常聽到一句話「風生水起、好運來」，到底怎麼樣的風，怎麼樣的水，才會帶來好運？

好風水，其實是「藏風聚氣」，而不是「風生水起」！

一間好的房子，必須能讓好的風吹進屋內，這個「風」代表著能量與運勢，如何將好的風、好的運勢留在屋內，就是「藏風」。

「聚氣」，也就是將流動的空氣留在家中，如「水」匯聚在家中，久而不散，自然會招來福氣、財氣，因而將氣比喻成水。

「藏風聚氣」就是聚集風、凝聚水，讓家中能夠充滿好的能量、祥和的運勢，這就是好的風水。

也可以說，因為有好的居家環境氣場，住起來身體好、精神好、家庭關係好，當然財運也會跟著好。

240、左青龍右白虎，是如何凝聚好氣場？

常聽到的「左青龍，右白虎」，這個能用科學角度來解釋嗎？

住宅、商店的大門口朝外方向看，左邊稱「青龍方位」、右邊稱「白虎方位」，用科學角度來解釋，左邊方位最好是開闊且高的空間，有利讓好的氣場流進來，右邊方位相對低且封閉的格局，如此能使氣流由高處往低處流動，並凝聚在我們的地方，這樣就能把好的運勢氣場保留下來。

如此一來，生活在此處的人們，精神好、健康佳，財運當然就會順利。

241、要旺好運，居家必須是好能量、好氣場？

人們找到喜歡的住宅住進去就可以一帆風順，應該是一位有福氣的人，住的地方絕對都是好能量的地方。

心地善良的人，常常會以行善為樂，不論住在哪都能形成好的能量氣場！

當我們運勢低落時，就要找一個「好能量、好氣場」的住所，如此才能提升運勢、旺好運，行事、工作才能一帆風順。

當一個稱職的風水師，就是幫助委託人尋找、佈局、調整出住家成為「好能量」的場所，在好能量的場所居住，久而久之也就能形成所謂的「好氣場」，自然會提升運勢、旺好運！

242、上香許願要掌握人、事、時、地、物？

到廟宇上香祈福，該如何正確跟神明溝通，神明才能有效掌握信徒所拜託的心願？

向神明祈福，最主要是用「香」來與佛菩薩、神明進行溝通，要稟報心願時，一定要簡短、明瞭表達，講完祈求的事項，接著要在心中說出自己的名字、家中地址，如此神明才能有效掌握「人、事、時、地、物」，進而協助如願你所祈求的事項。

243、算命師有三個禁忌，這是真的嗎？

據聞風水師、算命師不能為自己看風水、算命，有其禁忌或原因？

算命師、風水師主要使命是為人祈福、趨吉避凶，所以委託完成任務後，建議委託人給予紅包，進行能量交換，使這次任務圓滿，達到互不相欠功德的意義。

而風水師、算命師有一個禁忌「不能為自己算命、不能為自己占卜、不能斂財」，一定要嚴格遵守，否則上天會收回賦予他們的這項能力，使其無法再準確地為人們服務。

至於能不能為自己看風水，則不列在其中，因為風水乃天地間的能量所聚，風水師在平時能行好善、說好話、做好事，他所住的地方也會是「福地福人居、好能量、好氣場」，不用自己看，自然就是寶地。

244、月事來是體質上的調整與代謝？

女性生理期來時，是否真的忌諱進廟，或是不能點香拜家裡的神明？

女性朋友月事來，是體質上的調整，排出身體的晦氣，當調整循環後，身體自然產生好的精、氣、神，是正常的反應與代謝。

只是在這過程中，是女性身體最虛弱的時候，而且一般廟裡或多或少都會有靈界朋友的存在，最容易讓靈界朋友趁虛而入，所以不建議月事來時進廟宇或進佛寺。

而家中是吉祥、清淨的處所，月事來時，可在自家裡拜神明、菩薩，不會有靈界朋友的打擾，所以在自己家裡沒有忌諱，隨時隨地都可以參拜、點香、禮佛、打坐。

245、連搏七次杯都沒杯，可以一直搏嗎？

廟宇拜拜求籤，如何搏杯？幾次有杯才算？還是可以一直搏，搏到有為止？

到廟宇拜拜求籤，一次有杯，就算神明應允，求籤成功。

如果連搏了七次杯都沒杯，建議換人搏搏看，若換人後，一樣連續七次也沒有杯，可以換個問事的說法。

如果此時仍然沒有搏到杯，請不要勉強繼續搏下去，改天再來搏杯求籤。

246、占卜的原則，一事不三卦？

有聽過，問事卦事一天不可以超過三卦，這有何道理？

占卜的原則是一事不三卦，相同的事情重複兩次是互相印證、得到共識。

假如一件事連續問了三次，在占卜角度來看，會認為是玩笑心態居多，這是不允許的，除了浪費雙方的時間，也不符合天地賦予此次問事機緣的能量。

247、法會儀式並不會改變輪迴轉世的結果？

傳統佛道教都說有輪迴，必須做法會儀式來讓往生者得到功德迴向，早日投胎轉世，那其他沒有這類儀式的宗教，他們的先人如何再次輪迴呢？

輪迴是由上天安排的，人往生後，需經由審判才決定輪迴轉世的結果。

而法會儀式只是增加往生者的功德累積，並不會因此改變其輪迴轉世的結果。

每個宗教的信仰安排，其實也都是依照在世為人的好壞結果來安排下一次的輪迴。

248、如何簡單又正確地拜地基主？

地基主祭拜，如何準備祭品才會讓祂開心呢？

祭拜地基主，準備如下：

1. 一個雞腿便當（整隻腿不剁開）。
2. 一雙筷子。
3. 一瓶烏龍茶。
4. 一個杯子。
5. 一炷香皆可。

懷著感恩的心，向住在廚房的地基主，稟告這裡的地址、住居的家族人名，即可保佑大家平安、喜樂、家宅順利。別忘了是「向廚房方向」祭拜。

249、神明的香爐，清理香腳後要留幾支？

神桌上香爐的香腳該如何清理，有何正確步驟？

每逢初一、十五時，可以清理香爐的香腳，記得要在香爐內留下三支香腳，不要空著香爐。

如果香灰也滿了，用乾淨的湯匙舀出來，再用袋子小心恭敬地裝起來，如此清理即可。

250、尊重傳統習俗，貓、狗少在往生者的靈堂？

服喪期間，為何不能讓貓、狗接近？

這是嚴肅莊重的禮儀場合，不讓貓、狗接近，是因為貓身上靜電很強、又具靈性體質，易影響服喪期間的環境磁場。

而狗狗大部分具陰陽眼，若看到親人的魂魄回來，會亂叫、亂吠，影響法事進行或是鄰居的安寧。

所以為了尊重傳統習俗、禮儀的順利進行，建議不讓貓、狗接近往生者的靈堂範圍。

251、有長輩同住，除夕拜祖先要如何準備？

家中有長輩同住，除夕拜祖先要如何準備祭品，祖先開心，長輩也滿意？

家中還有長輩同住的家庭，除夕拜祖先必須準備五項祭拜物品，代表五福臨門。

1、年年有餘：魚一條。
2、升高發財：年糕3個。
3、甜甜蜜蜜：甜湯一碗。
4、財氣圓滿：水果一樣。
5、事業滿滿：丸子湯一鍋。

清茶一壺、三個杯子、碗筷吉祥數字5組即可，不鋪張浪費，祖先就會很開心了。

252、現代小家庭，除夕拜祖先要如何準備？

現代小家庭沒有與長輩同住，除夕如何方便拜祖先，既能讓祖先開心享用祭品，也能不需要準備滿滿一桌的熟食？

準備五項現代祭拜物品，代表五喜開運。

1、家庭圓滿：圓披薩。
2、考試過關：炸雞腿。
3、升官發財：魚罐頭。
4、甜蜜滿分：甜八寶。
5、聚氣祥和：可樂汽水。

清茶一壺、三個杯子、碗筷吉祥數字3組就可以。如此便能符合現代人的需求。

253、重大節日三炷香、沒事稟報一炷香？

祖先、神明的香是否有規定的數量？

1. 重大節日，三炷香。
2. 有事稟告，三炷香。

3. 沒事稟報，一炷香。

平時其他日子則是一炷清香、一念誠心，心意能直達天聽，神佛、菩薩就能感受到訊息，稟告內容要簡短明瞭，就能讓你如願。

254、取偏名、小名也是改運提升運勢？

改名是人生大事，姓名學上，真的會影響一個人的運勢嗎？若是不去戶政正式改名，只是叫著偏名，這樣有效嗎？

名字叫久了，在運勢上絕對會有影響，所以取名字要注意筆劃五行、諧音唸法，都是很重要的。

因此以取偏名、小名來代替正式改名，因為叫久了，人一樣會改變運勢，這也是一種變通的方法，不用再大費周章地去變更「戶政、護照、銀行……」，取偏名、叫小名也是改運提升運勢最合適的方法。

255、占卜問事，五種禁忌不可違背？

卜卦問事，是否有什麼禁忌是不能問的，問了也等於白問的問題？

卜卦的禁忌：

1. 一天不三問。
2. 心不誠不問。
3. 開玩笑的心態不問。
4. 中傷人的事不問。
5. 賭博求明牌不問。

其餘的事都可以來占卜問事，一事不三卦，也是要遵守喔！

卜卦師採用米卦問事，心誠則靈

256、請神容易送神難，真的是這樣嗎？

所謂請神容易送神難，請問這個問題點在哪裡？

合掌默唸神明的尊號，只要心正、人虔誠，神明都會循聲救苦，依其拜請尊號之聲，前來協助或是依其需求而來附在神像上。

然而，一旦附在神像上，沒有相當的儀式或程序，是很難再讓神尊離開的，如果是靈界朋友附在神像、物品上，這就不是隨時請祂離開祂就會離開的。

若沒有談好條件及溝通清楚，靈界朋友是不願意輕易離開；就算心不甘情不願地離開，過一陣子還是會回來的。

257、祭改的用意、收費，考驗著神代理人的心？

有些宮廟會有祭改，其用意為何？一般宮廟收費都很高，為什麼？

祭改的用意是「祈福、改運、化解厄運」。執行的過程經常需要請「神明、仙佛、兵馬將」協助，需要花費精神、體力來溝通協調，除了時間，體力上也大量消耗，身為凡人的神代理人，確實需要索取合理的報酬。

只是要如何拿捏費用、讓委託人負擔得起，都是考驗著神代理人的心，委託人也切忌不要病急亂投醫！

258、不要深信一些偏方，心存善念才是重點？

有些人深信一些偏方，例如每天出門要朝哪個方位才會順利，方位真的會影響一天的運勢嗎？

千萬不要深信一些偏方，方位磁場是整年的能量轉換，不是一天、兩天就看到效果。

心存善念，認真工作、上班，出門搭車、開車注意安全，每天朝哪個方位不是重點，而是心情能夠維持正能量，則任何方向都會帶來好運的一天！

259、口角爭執，如何用溫和方式化解？

家和萬事興，有沒有什麼方法或是擺設，可以讓經常會有口角爭執的家庭，產生和諧穩定的氣場？

有解答，一杯水就能緩和高漲的情緒、爭執的氣場。只需每天為另一半倒一杯茶水，面帶微笑地說，請喝水；久而久之，雙方的爭執會漸漸化解。

即便偶爾仍有爭執出現時，自己先忍一下，倒一杯水給自己，冷靜一下，再倒一杯水給另一半，然後說：「喝杯水吧！」家庭和諧氣氛就會慢慢好起來。

260、減少焚香祭拜的時間，環保又健康？

家裡有神明廳，老一輩的都早晚三炷香拜拜，現代都提倡環保，盡量避免焚香祭拜，到底要不要點香？點香的用意除了跟神明溝通外，還有什麼特別功能？

點香的用意是讓附在神像上的神靈，可以因香而感應能量增強！

因為環保及顧及家人健康，可以盡量減少焚香祭拜的時間，點香、焚香能讓神明快速與我們溝通、聆聽我們的心聲及祈願。

建議平時沒有事要祈求，就不用點太長的香，可以每天早上點個3～5分鐘的環香、一小撮檀香粉，表達我們虔誠的敬意，讓神明、佛菩薩感應到我們的心意才是最重要！

261、隨身準備紅包袋，化解探病的煞氣？

農民曆寫著本日勿探病，可是自己親人住院，非得去醫院探望，該如何化解？

非得去醫院探望，隨身準備個紅包袋，裡面可以放些除障草、檀香粉或神明香爐之香灰，離開醫院後，再丟到垃圾桶，就可化解探病的煞氣影響。

262、尊重生命，貓、狗往生可以火化？

以前早期貓、狗往生，有貓吊上樹，狗送水流，這有何根據？還是只是陋習？

古人的認知，入土為安，認為貓的磁場屬陰冷，埋土裡會成為貓妖、貓靈；而認為狗是人類的好朋友，若埋入土裡，來生不會有輪迴轉世的機會，沿著水流走，投胎才能轉世為人，但這些想法及習俗真的是陋習，都是不正確的。

貓、狗一樣是生命體，一樣有三魂七魄，應該尊重生命，當牠們離開人世，一樣可以進行火化、誦經、骨灰埋入土裡，使其安息，來日再投胎六道，至於哪一道的輪迴，要看牠們累積的福份與功德是否圓滿！

263、沒有貧富賤差異，祭拜供品誠意就好？

東西方宗教文化大不同，慎終追遠的方式其實也南北差距很大，想知道有人做了滿漢全席給先人，跟家境不富裕，僅僅準備水果、清茶的，先人得到的功德是一樣的嗎？

準備滿漢全席給先人，跟準備水果、清茶給先人，功德是一樣的，沒有貧富差異的問題！

心中惦記著祖先，感謝先人的恩典，這才是最重要的。

264、符的效期，每年必須再回宮廟一次？

有些宮廟都有祭改，甚至起乩畫符，然後號稱此符有避邪作用，想知道這種民間習俗符真的有這麼厲害嗎？還是只是心理層面有安慰作用？

符有它的能量存在，但必須有神明佛祖的能量加持才能發揮作用，有正確能量加持的符就會產生避邪的作用，但是記得每年必須再回宮廟一次，繞大香爐三圈，符的效用才能再次獲得能量。

265、被鬼壓床，有什麼化解的方法？

經常聽人家說鬼壓床，醫學研究說是生活太累導致心理壓力，能否請問老師，到底所謂鬼壓床是否真有其事？遇到了有沒有什麼化解的方法？

鬼壓床是壓力大所造成，如果睡夢中曾感受到被鬼壓、或是喘不過氣來，建議可以在睡前倒一杯溫開水，握在雙手中，閉上眼睛告訴自己，喝下這杯水，晚上就不會有任何鬼壓床的發生，然後三個深呼吸，喝下這杯水，盡快上床睡覺，保證可以安穩一覺到天亮，化解被鬼壓床的困擾。

266、打坐有正念，不會出現幻想思緒？

常聽說有人打坐一不小心就走火入魔，這是為什麼？難道打坐還必須有人教嗎？

打坐初期一定要有人帶，經由老師、前輩的經驗教導，學習正確打坐的方法，才會達到正念的領域，否則打坐時精神無法集中，就會出現幻想、幻聽的思緒，就會影響打坐的正念及學習目的。

打坐初期一定要有人帶，才能有正念

267、換花的儀式不強求，順其自然最好？

民間有習俗，所謂的生男、生女都有註定，有一些所謂換花的儀式，來讓自己想要女孩或男孩，這要如何解釋呢？

古老的傳統中會有換花的儀式，基本上還是統計學的概念，生男孩生女孩，父母的基因才是最重要的來源。

無論男孩、女孩都很好，不要強求，順其自然最好。

268、避免發爐，要注意室內的通風？

民間傳說，神明香爐如果燒起來，也就是所謂發爐，代表什麼意思？

發爐現象是香插得太近，加上環境不通風，導致香腳彼此之間靠近過熱，而引起火勢。

就科學角度來說，發爐代表的意思是警告這個處所，記得保持香爐香腳的密度，並且要注意室內的通風，這樣才會是好的風水格局。

撇開科學論述，就玄學來說，發爐必須到現場觀察，才能得知神明或是祖先要提醒的事情？不要一概而論，擔心一定是神明或祖先在警告什麼事情？凡事都要平常心看待，才是現代人的新思維。

269、重視養生，不要揮霍自己的健康本錢？

古人常說「紅顏薄命」，就命理來說，為何是如此？紅顏薄命，是指俊俏的男人、漂亮的女人，基本上大都較重視外表，而忽略養生，盡情地揮霍自己的健康本錢，才會生命短暫。

因此建議大家平時要注重身體養生！生活作息正常、均衡的飲食、定期的運動，才不會讓自己也走上紅顏薄命的這條道路。

270、身體出現病徵，要尋求醫生的幫助？

身體不適看醫生才是正確方法，許多人仍然會尋求宗教信仰的力量，也經常看到所謂神蹟，病人不藥而癒！真的可能如此嗎？

尋求宗教信仰的力量，可以讓人們產生自信心，增加喜悅的心情，以及有寄託的力量，如此方能藉此讓病情改善，進而增強本身免疫力的問題。

當身體出現病徵，還是建議尋求醫生的幫助，才是明智之舉！

271、神明、佛菩薩，是不食人間煙火？

神明不是都幫助眾生的嗎？為何很多宮廟都藉此機會向信徒收取高額費用，真的是神明的意思嗎？

神明、佛菩薩基本上是不食人間煙火的，更不會向人們收取高額費用，祂們只需要人們的一炷香！合掌感謝！一句誠摯的感恩！

因此，若是遇到收取高額費用的宮廟，請自己斟酌，想想這些付出的代價，是否真的對自己的問題有很大改善與幫助。

272、衣服不要曬過夜，是不成立的思維？

老一輩的人有說過，衣服不要曬過夜，太陽下山前就要收起來，這是有何典故嗎？

這個典故，其實是不能夠成立的！

因為靈界朋友，在白天、晚上都會出現，隨時隨地都有可能在你我身邊，老一輩說，衣服不要曬過夜，真的沒有這個道理，而且衣服一定要曬乾才能收納，不然容易有霉味，易滋生細菌，造成身體健康上的問題。

273、釋放不好的情緒，什麼是最好的方式？

當工作中或是一天工作後，心情不好，是否可以做什麼事情來提升自己的心情？

提升自己的心情，將不好的情緒釋放，最好的方式就是「深呼吸」！

深深地吸口氣，再緩緩的由嘴巴將氣吐出來，連續三次的深呼吸，就可以達到心情平穩、壓力釋放、雜念消除，再搭配一杯溫開水，適當的舒壓放鬆，就能夠將一天的辛勞或不好的情緒全部釋放，讓心情回到最佳狀態。

壓力釋放，可喝一杯溫開水，適當的舒壓放鬆

274、如何讓輕生的地方，煞氣消失？

當遇到困難、走不出自己內心的逆境時，有人便選擇了輕生的道路，一旦選擇了，在輕生的地方，一定會留下煞氣，以及負能量。

要如何化解輕生地方的煞氣，可以參考以下方式：

1. **依宗教不同進行淨化**：基督教、天主教，可以用灑淨水方式來化解；佛教、道教，可以用煙燻方式來化解。除了化解煞氣外，還能讓魂魄得以安息，放下一切，不再留戀人世間。

2. **依宗教不同進行感恩**：採用感恩的方式，唸誦「阿門、哈利露亞、嗡阿吽、六字真言」，大約3~5分鐘，可以讓輕生的地方，磁場恢復為正能量。

3. **修繕師傅的隨身保護**：身上可以帶著紅包袋，裡面裝著「檀香粉、除藏草、神明爐香灰、小瓶聖水」，修繕完畢後，再丟入外面的垃圾桶，即可保護自己在修繕期間，身心不受影響。

輕生者圓滿火化儀式後，其怨念、煞氣基本上也都同時不存在了，也不會再存在影響周邊住戶的負能量。

化解輕生者的怨念、煞氣，有圓滿方法

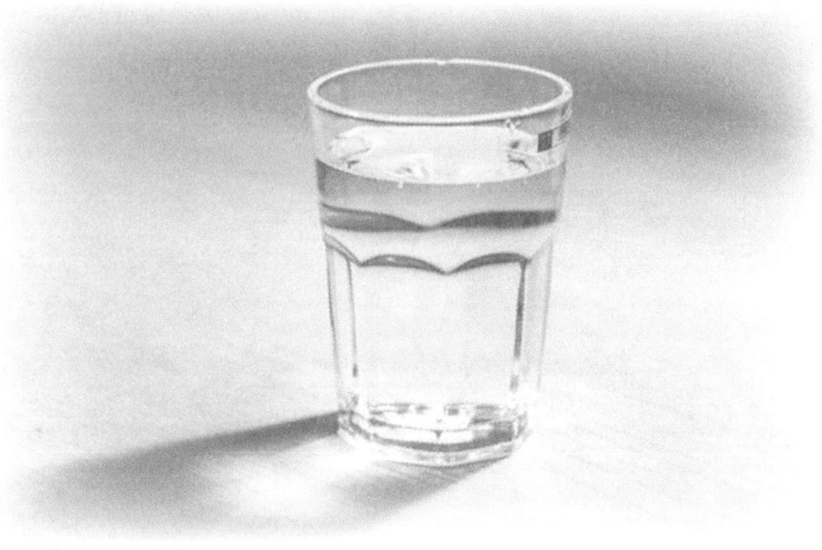

第六章 後記

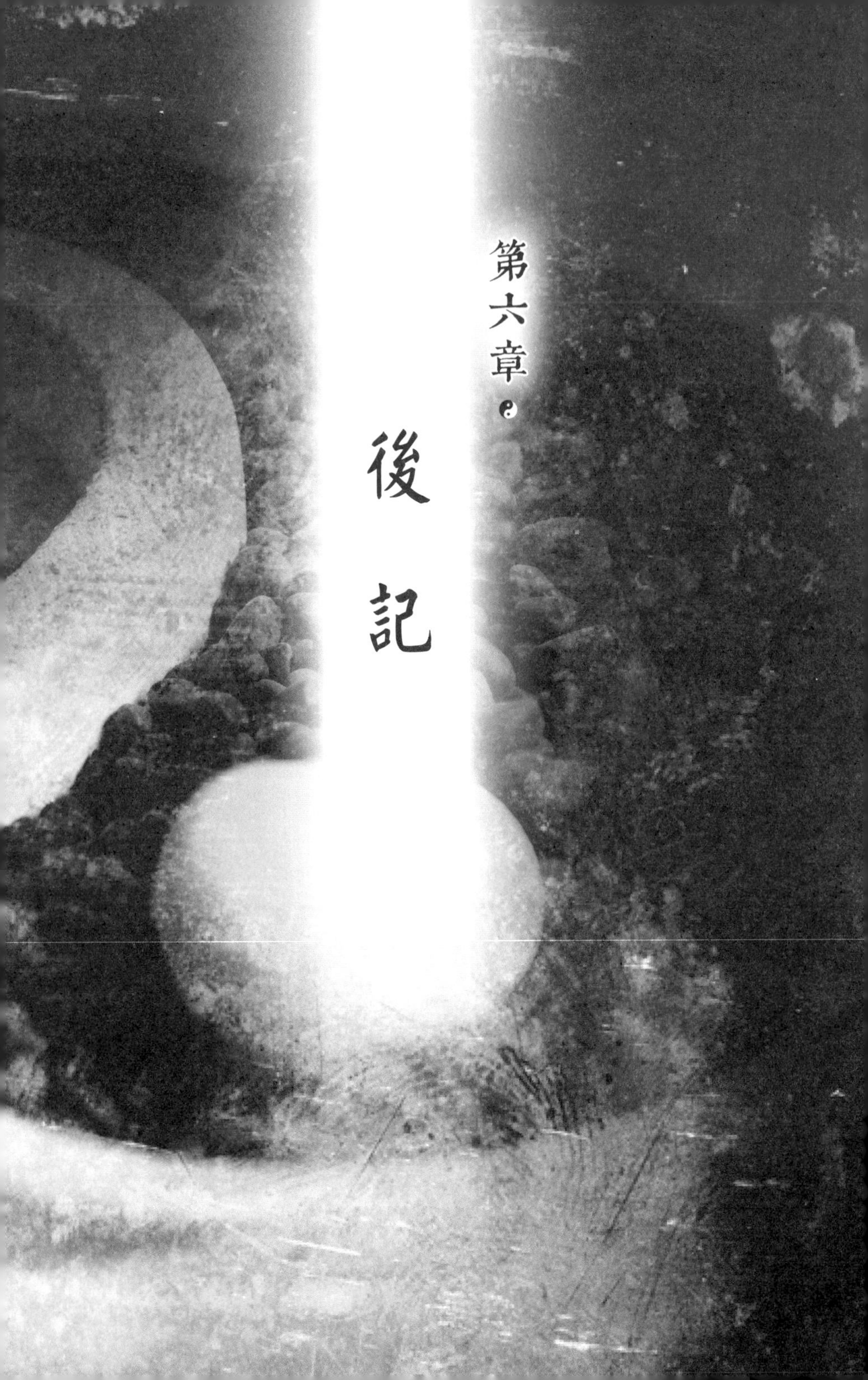

第六章・後記

【平常心看風水】

有福氣的人，心地善良、行善為樂，不論住到哪？都能形成好福地，稱為「福人居福地」。

當運勢低落，就要找一個「好能量、好氣場」的住所，如此才能提升運勢、旺好運，行事、工作才能一帆風順，也可稱為「福地居福人」。

風水師的任務，就是幫助委託人評估、佈局、調整出住家成為「好福地」，在好福地居住，久而久之也就能形成所謂的「福地福人居」！

自己的正能量，也能營造出好風水

風水有人相信，也有人不相信！相信風水，則能帶來好運勢、好財運。

不相信風水，只要為人正直、善言善語、行事得宜、維持平常心，就不一定要找老師來看風水，用自己的正能量去營造出好環境，也就會累積出好福氣，如此的住所，就是好能量、好氣場。

275、進行房子堪輿，建議裝修之前？

房子裝修前，可以透過風水老師的堪輿建議，讓屋主、設計師來考量裝潢細節、家具擺設，適時地做預防性的調整，以形成好格局、好環境、好氣場。若是裝修後才進行堪輿，會因為碰觸到風水禁忌，以致事後的化煞、化解、改善，可能會花更多時間調整。

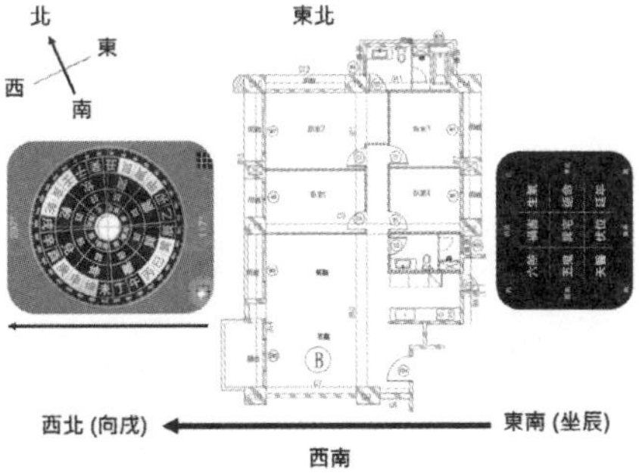

房子裝修前，預防性的格局調整

○動工儀式的準備：

1、一個矮桌子。
2、一個雞腿便當（雞腿不剁開）。
3、三種水果。
4、一瓶茶、一個杯子。
5、裝米紙杯、一小把香（3炷立香）。
6、一把施工鋤頭（用紅紙包起來）。

補充：

1. 米杯可以用免洗杯，內裝米即可。
2. 不然就用小銀紙一支代替米杯，香必須立著插，等於小銀立起來。
3. 主拜者拜好有允杯，記得拿起鋤頭輕敲地板三下，代表動工了。

276、薰香每天五分鐘，傳遞滿滿正能量？

香是神明與人之間的聯絡工具，其實每天只需點個五分鐘就夠了，一來環保、淨化身心；二來神明也不會因此現身太久。

傳統供佛使用檀香，淨化環境使用艾草。但是由於艾草過於刺鼻，我們建議改用西藏除障草，因為味道溫和不刺鼻，效果也很不錯。

煙燻除了淨化環境，最大好處是能讓靈界朋友因為不喜歡這個味道，而自己自動離去，當然必須使用好一點的除障草。

使用煙燻爐搭配除障草使用，除了淨化身心，聚集能量，最重要是可以淨化環境，傳遞滿滿的祈福正能量。

這是平常大家所不瞭解的好效果，知道的朋友並不多，有機會就燻香爐搭配除障草，可以買一組放在家裡使用，一來味道不會很嗆，二來可以使家中不會有不速之客進駐，讓家裡的氣場變滿滿的正能量。

使用煙燻爐，搭配除障草，淨化身心、聚集能量

277、風水調整後之應驗快慢，平常心以對？

風水師應本著專業，盡心盡力地為委託人服務，而委託人的需求，則是要靠時間來證明，不能強求，更不能預期何時能應驗。

畢竟每位委託人有不一樣的福分，應驗的快慢，以及是否短時間能達成所託，委託人都應平常心以對。

委託人的福份不同，應驗的快慢應平常心以對

278、居家入新厝儀式，新觀念的準備及流程？

沒有請老師看，並不會影響入新厝的運勢；但是，沒有依照農民曆的吉祥日子而入新厝，容易產生散財、運勢不好的事情發生，入新厝需要慎重擇日，也是一個重要可以祈福改運的機會，建議用新觀念的入新厝儀式及準備，才能住進新宅後，平平安安、吉祥發大財，甚至還能升官添福運。

新屋入厝流程：

1、當天10點30分前備妥供品，不需要準備紙錢。

2、到了11點1分開始拜拜，上香點了20~30分即可完成儀式。

3、儀式完成，就可以將「床、沙發」推定位，靠近牆壁，即可。

供桌擺設對著門口，全家人一起面向門口方向拜，時辰11點1分到，每人一炷香，先說出「家裡地址、家裡住的人名」，再恭請五路財神入新居走走，讓家裡可以蓬蓽生輝，家人出入平安、發大財。

新觀念的入新厝儀式及準備

新屋入厝準備三程序：拜五路財神、拜地基主、拜土地公

當天上午10點30分備妥供品，到了11點1分開始拜五路財神。

1、三種水果。
2、三包餅乾。
3、一包糖果。
4、一瓶汽水。
5、三～五個杯子、一包短香。
6、一個米杯，插香用的。
7、三～五個小杯子蛋糕。

大約11點30分左右完成拜拜儀式，當天下午4點30分～6點左右拜地基主。

8、準備一個雞腿便當，雞腿不切開，一瓶烏龍茶，一個米杯，一炷香。

入新厝的七天內，到附近管轄土地公廟拜土地公，稟報入新居的地址、全家的人名，祈求家人出入平安。

9、準備一包餅乾、一包糖果、隨意捐香油錢即可。

奉茶、米缸、碗筷、掃帚、水桶

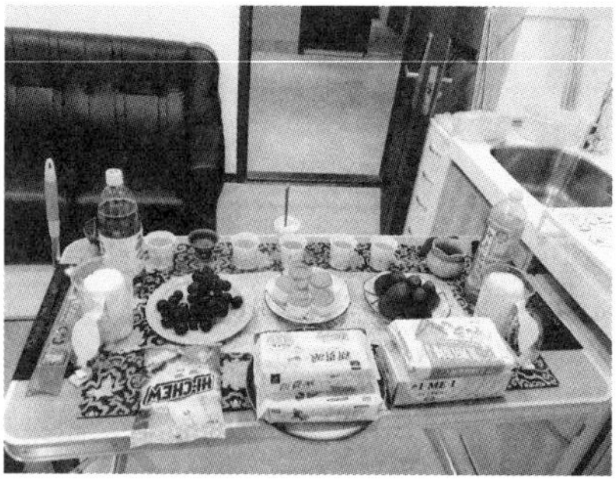

新屋入厝準備供品

279、公司開幕順利，帶動人潮及錢潮？

眼鏡公司的開幕過程，經過擇日及隆重簡單的儀式，當天還進行店內堪輿，除了懸掛鎮財元寶外，還以五帝錢化解兩個煞氣。

整個儀式在上午十點吉時舉行，最特別的地方是不需要準備三牲，也沒有傳統一定要大魚大肉的，只需準備水果、糖果餅乾、杯子蛋糕、汽水茶水，不需要焚燒紙錢，也不需要燃放鞭炮。

在老師的帶領下，全店人員焚香祝禱，就在儀式第一階段完成，眼鏡公司負責人說他有看到金光閃閃的現象，感受到財神爺前來祝賀新店開張，絕對可以生意興隆的。

儀式當中，突然進來一位騎機車的客人，一進門就說要配眼鏡，然後在店內專業驗光師的協助下，完成今天開幕的第一筆銷售業績，眼鏡公司負責人也覺得很神奇，過路客就這樣走進來完成一樁生意。

當天除了開幕儀式、店內堪輿，還有進行拉地氣，事先請負責人準備三瓶礦泉水，完成拉地氣的儀式後，請在場所有人都喝看看，他們都不可置信，覺得水怎麼會有不一樣的味道，而且還甜甜的，這就是拉地氣的神奇地方，可以將地氣拉起來，讓場地變熱絡，在做生意的場所就會人潮不斷，當然有人潮，就會帶動錢潮。

老師帶領，全店人員開幕儀式

儀式不需要準備三牲

開幕當天，現場拉地氣，讓場地變正能量滿滿

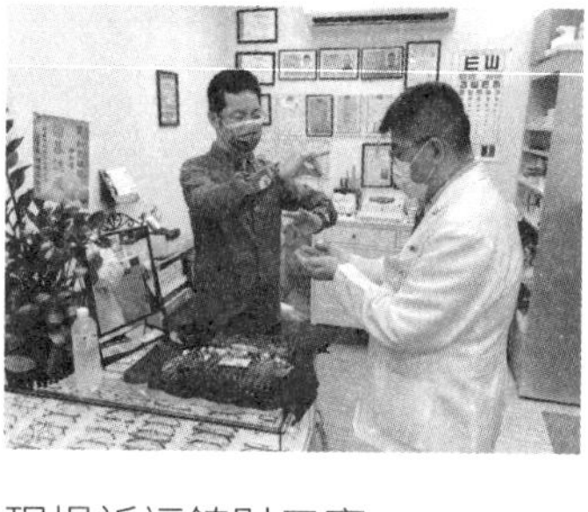

現場祈福鎮財元寶

【有緣就會相見】

280、好的風水師不需要大興土木？

所謂「福地福人居」，當環境與風水有衝突，大部分都是外格局所造成的煞氣，好的風水師一般都能用風水的方法來化解及改善。

當外在因素調整好，內在心理也會跟著改變，如此就能平安化解環境與風水上的衝突，達到運勢好的住家品質，也就不用因為風水，而需要大興土木工程了。

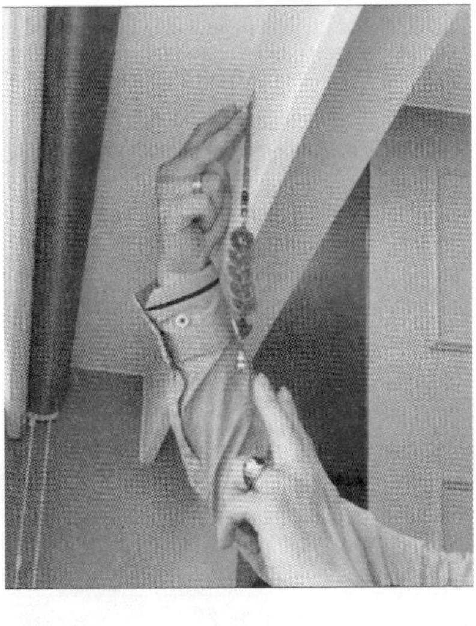

外在因素調整好，內在心理也會變好

281、居家風水調整一次，可以維持多久？

基本上，只要屋宅格局沒變動，風水調整一次就行，調整後，快則三週，慢則三個月，就會有改善。

是否顯著及驗應，則要看委託人的配合度及福份而定，每人不一樣，而應驗後九年內，可不用再調整風水，要能心存善念及長存感恩，就能讓好氣場維持長久。

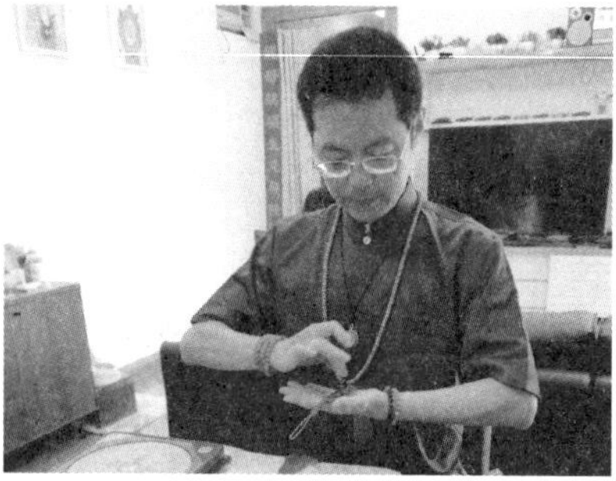

風水調整後，要長存感恩心

282、提早檢視風水出問題，做好調整？

每當身體出現各種情況，就會想到醫生，讓醫生來為我們查出病徵，開出正確的解方，使我們的身體可以再恢復正常狀態，繼續有往前邁進的動力。

可是人生的道路上，往往不只有健康問題，遇到不順遂的時候，多數人都會讓時間來治療，認為只是剛好運氣差一點，或是心情上的問題，很少人會朝著是否自己住的房子格局問題？工作環境場域的影響？或是無法以科學角度看待的靈界問題，其實，天地萬物之間，存在一股影響你我日常的定律。

研究人體各個器官細胞，進而找到病徵解方的人是醫生；而瞭解天地運行的定律，調整環境磁場的人則是風水師。

經歷疫情及烏俄戰爭，影響很多層面，許多人也因此受到很大影響，無論工作或做生意，在這個時候，建議可以靜下心來，檢視看看自己是否需要找個專業風水師來協助，能夠提早檢視出問題，做好調整，等到這波局勢恢復原狀，那前進的力道就能產生加成的效果了。

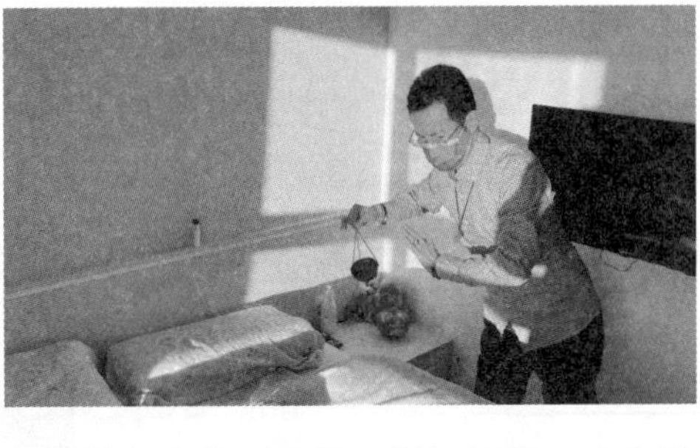
提早檢視出格局問題，做好調整，產生助運效果

283、風水不能墨守成規，要與時俱進？

風水老師存在的價值，應該是協助需要幫助的人，與時俱進，讓農曆七月也可以進行擇日與裝潢，而不是墨守成規，停擺一個月。

許多人辛苦一生，就為了買一間屬於自己的房子，好不容易買到了，為求慎重，有些人會找風水專家來看，當然希望入住後可以風生水起好運來，這一定是每個人的想法，緊接著就是裝潢，目前台灣裝潢師傅非常搶手，沒有事先安排，是很難找到合適的工班，如果對農曆七月有心結的人，會因為錯過農曆七月，讓工班銜接不上裝潢，勢必要等完工後才有可能換做你的住家，可能是三個月或半年後的事了。

風水老師，能協助趨吉避凶

好的風水老師，能夠協助委託人解決問題，尤其遇到農曆七月，傳統的風水老師都會要大家避開這段日子不去裝潢，深怕有個什麼不好的事情發生，寧可避開也不要冒險，然而真的如此嗎？天地之間都有一定的互補作用，就看是否願意花時間去尋求解決方案，找出合理的正確日期與好時辰，避開沖煞生肖，找到吉祥的日課（擇日），就能掌握先機，如此而已。

遇到農民曆上最凶的月份或日子，當月裝潢工作都要停擺嗎？當然不是，只要盡量小心謹慎，尋求好的風水老師來協助，也一定能趨吉避凶，畢竟日常生活總是要過，能多一分謹慎與準備，一定能少一分損失。

284、風水老師來堪輿，需要先整理整齊？

不用預先整理，維持現狀，風水老師才能依照實際情況，提供最佳建議，幫助委託人改善居家的環境、能量、氣場，並使其感受調整風水後的效果。

如果預先整理好，等風水老師離開後，又隨意擺設或亂放，就失去風水改善的意義，因此，維持現狀才是請風水老師來堪輿的正確方法。

風水老師，改善居家的環境、能量、氣場

285、顛覆傳統的風水？

傳統對於風水的認知，似乎都停留在屋宅堪輿，也就是調整格局、化化煞氣、增加財位，讓家人平安健康順利，對吧，其實，有真功夫的風水先生，還能提供職場上的運勢增強，需要姻緣的桃花運勢，或是小人太多需要驅散等等服務項目。

一個人的武林，對風水大師們來說，這樣形容再貼切不過了。每個門派都耗費數十年的時間學習，如同習武之人一般，武當少林峨眉，甚至丐幫，都有自家一門武藝，沒有哪個門派比較厲害，只有哪個門派有武德，如此而已。

風水老師所做的儀式，只是協助打開雷達系統

我們的門派屬於非傳統的，許多儀式都不須準備大魚大肉，也能達到絕佳效果，這對現代人來說，確實是一種可以被接受的選擇，加上翔丰老師也認為，這個武林確實需要有武德的人來服務有緣人，並且以做功德的心情來做，不需要管其他門派怎麼做，對的事去做，就對了。

這是一個神祕的行業，除了運用科學來調整風水外，還使用古老玄學來幫助需要幫助的朋友，畢竟世界之大，仍然有許多科學無法解釋的現象，當人在徬徨無助時，是最容易相信別人說的，如果遇到不好的人，就容易被騙了。

其實，我們開始進行這項工作初期，就有邀請一些朋友來體驗增強運勢的項目，最近我發現，當時有參加的朋友，有些人運勢都得到不錯的提升，業績表現也都令當事人很滿意，當然，沒有百分百都會成功獲得好的結果，因為，這牽扯很多因素，風水老師所做的儀式，只是協助打開雷達系統，讓你可以比別人更早獲得機會，至於能不能把握時機，進而成為自己的果實，就是自己的福份及努力了。

希望所有朋友都能心想事成，記得常常心存善念，那麼福氣也一定離你不遠了。

286、有緣就會相見？

風水師或是地理師，台灣南北稱謂大不同，老一輩都很在意這樣的細節。隨著社會不斷變遷，許多古老的文化都因為傳承方式，而逐漸失去原本該有的樣貌，類似傳說般地流傳下來，加上認知與理解，讓許多原本沒有那麼不好的觀念因此變了樣。

先解釋風水與地理的分別，台灣南部將服務仍然呼吸的稱為地理師，而不再需要氧氣服務的稱為風水師，在台灣北部則沒有這麼嚴謹，只要是看陽宅、居家、公司風水的人，一律稱為風水師。

再說回風水這件事，疫情期間跟著風水師大半年，參與至少超過近百組風水堪輿個案的委託，當然，這是一個信者恆信的服務，我們完全沒有半點強迫，就事論事，盡量以科學角度來解釋風水，導正許多古老傳統上的繁文縟節，能簡單化就省去不必要過程，也兼顧環保意識。

風水服務必須兼顧環保意識

當然，許多老一輩都不能接受，我們也沒有要大家一定要改變，只是推廣這風水服務的角度，希望大家更能認識風水，原來是跟生活有那麼一點關聯，進而協助朋友們，改善居住環境品質，也能讓運勢因此得到提升，甚至不需要沉重的費用負擔，就是這麼單純的想法。

所以，以後有需要這方面的服務，無論你要稱呼「地理師、風水師、風水先生、風水老師」，只要緣份對了、時機成熟了，我們都非常樂意為你服務。還是那句老話，有緣我們就會相見！

善心善念，成就好風水

國家圖書館出版品預行編目資料

風水喬一喬／翔丰居士、洪才版主著.
——第一版——臺北市：知青頻道出版；
紅螞蟻圖書發行，2023.04
面　；　公分——(Easy Quick；198)
ISBN 978-986-488-242-7（平裝）

1. CST：相宅　2. CST：堪輿

294.1　　112002902

Easy Quick 198
風水喬一喬

作　　者／翔丰居士、洪才版主
發 行 人／賴秀珍
總 編 輯／何南輝
校　　對／周英嬌、翔丰居士
美術構成／沙海潛行
封面設計／引子設計
出　　版／知青頻道出版有限公司
發　　行／紅螞蟻圖書有限公司
地　　址／台北市內湖區舊宗路二段121巷19號（紅螞蟻資訊大樓）
網　　站／www.e-redant.com
郵撥帳號／1604621-1　紅螞蟻圖書有限公司
電　　話／(02)2795-3656（代表號）
傳　　真／(02)2795-4100
登 記 證／局版北市業字第796號
法律顧問／許晏賓律師
印 刷 廠／卡樂彩色製版印刷有限公司
出版日期／2023年4月　第一版第一刷

定價 380 元　港幣 127 元

ISBN 978-986-488-242-7　Printed in Taiwan